古野まほろ

警察用語の基礎知識

事件・組織・隠語がわかる!!

GS

JN196107

C45

まえがき

警察そのものが好かれているかどうかは別として、警察エンタメには絶大な人気があります。小説、映画、ドラマ、あるいはマンガ……媒体を問わず、常に花盛りといってよいでしょう。またエンタメに限らず、警察特番のようなノンフィクションもまた人気があります。それらに接したことがない、という人はいないでしょう。それだけ、『警察モノ』は市民にとって当たり前のもの、とても距離が近いものとなっています。

そのような『警察モノ』が、リアルな警察への興味関心、あるいは理解と共感につながってゆくとすれば、元警察官／元警察官僚として、とても嬉しいことです。というのも、全ての警察活動の基盤は、市民の理解と共感だからです。

そこで、本書では、絶大な人気のある『警察モノ』と、リアルな警察とのいわば橋渡しをするべく、警察エンタメあるいは警察ノンフィクションにおいてよく用いられる言葉を平易に、しかし正確に解説することを試みました。

警察用語のホントのところを知っていただければ、『警察モノ』に触れるときの楽しみもきっとふえます。またそれに関連して、様々な警察トリビアを――もちろん事実だけを――知っていただくことは、知的好奇心の満足につなげていただけることはもとより、『警察モノ』に触れるときの、様々な視点なり批評心なり審美眼なりを養っていただくことにもつながります。

あるいは、もし読者の方が警察官を志そうという方であれば、本書はきっとカイシャのリアルをお伝えする上でお役に立てるでしょうし、もし読者の方が警察エンタメの作者等であれば、設定なり制度なり用字用語なりリアルな会話なりのネタ本、信頼できる参照先としてもお役に立てるでしょう。はたまた、読者の方が法学を学んでいる方であれば、例えば刑事訴訟法がどのように現場で『生きて』いるのかの描写により、学問と実務を橋渡しするお役に立てるかも知れません。

もとより、単なる雑学としても、単なる暇潰《ひまつぶ》しとしても、本書はお役に立てます。

そのような趣旨で御用意した本書ですが、その内容は、主として4つに分かれます。すなわち本書は、『事件』『警察関係者』『警察組織』『隠語』の4ジャンルについて、警察というカイシャで用いられる業界用語を解説しながら、それらにまつわるトリビア、事例、データ等を、平易にしかし正確に、エッセイのかたちで書き下したものです。

『事件』に関係する業界用語から書き下すこととしたのは、やはり、警察エンタメ等の現状を見ると、読者の方がまず興味関心をいだくのは『事件』、犯罪捜査だからです。そして、犯罪捜査が警察の代表的・基本的な仕事である以上、この基本を押さえておくことが、他のジャンルの理解にも役立つからです。

よって、『事件』あるいは犯罪捜査を扱った第1章が、他の章にくらべ、やや骨太になりました。といって、まさか本書は学問書ではありませんので、気楽に読み流していただくことを前提としていますし――解らないところは読み飛ばしていただいても問題ないつくりになっています――また別段、第1章の『事件が分かる』のところから読んでいただく必要もありません。お読みになりたいように、お使いになりたいように読んでいただければと考えています。

『警察モノ』によって、これほどまでに身近なはずのカイシャに、まだまだ摩訶不思議《まかふしぎ》な用語なり概念なりがたくさんある――そのおかしさ、たのしさ、一般常識とのギャップ等を、難しいこと抜きに味わってください。予備知識などいりません。

しかし、読み終えていただいたとき、自然に『警察通《つう》』となっていただける、そんな構成にはしてあります。

そしてそれが、先に述べた『理解と共感』『橋渡し』につながるのなら、それに過ぎるよろこびはありません。自分の愛しているカイシャが、たくさんの方に愛していただける。それはとても嬉しいことですから。

それでは、しばらくの間、既知にして未知の世界をお楽しみください。

警察用語の基礎知識／目次

まえがき 3

第1章 事件が分かる
——捜査手続で使う言葉 23

始まりは全て「端緒《たんちょ》」 24
そもそも「捜査」とは何か 24
全ての捜査のプロローグ、「端緒」 25

「これ任意？ 強制？」任意捜査と強制捜査 27
「任意」の意味、「強制」の意味 27
「任意」が何故争われるか 28

経験者多数の「職質」 30
職質はどこまでも任意 30
警察官にとってのキモ 32

「被疑者」と「容疑者」、どう違う？ 34
代表的なメディア用語、「容疑者」 34
警察における「容疑者」 35

意外にカッチリ決まっている「不審者」 37
不審者と被疑者 37
「不審者」の根拠条文 38
「参考人」？ 「重要参考人」？ 40
再び、代表的なメディア用語 40
「参考人」はニュートラルな概念 41
「通逮」「緊逮」……逮捕のあれこれ 43
一般原則、通常逮捕 43
おなじみ、現行犯逮捕 44
警察官泣かせ、緊急逮捕 46
「任意同行」にもいろいろ 47
任意同行の人間ドラマ 47
職質における「駆け引き」 48
捜査における任同はまた異なる 49
いわゆる「ガサ!!」 51
捜索と差押え 51

ガサを統制する仕組み 52
「検証」？ 「現場検証」？ 54
またもやメディア用語 54
「検証」の特徴 55
「検視」「検屍」「検死」 57
変死体が発見されたら 57
死体見分・検視・検証 58
警察にとって「検屍」「検死」はない 60
「任意提出をお願いします」――任提と領置 62
ガサと任提の関係 62
いわゆる「任提領置」 63
「取調べ」を受けるのは誰？ 65
取調べの意味について考える 65
取調べの課題とプロセス 66
定番ネタ、カツ丼 68
責任重大、「取調べ官」 70

被疑者の取調べは花形 70
取調べ官の栄光と孤独 72
日常発生する事件の「取調べ官」 74
「送致」「送検」「書類送検」 75
やはりメディア用語の代表例 75
「書類」も「人」も「事件」も送る 76

第2章 登場人物が分かる——警察関係者を示す言葉 79

いちばん有名？「管理官」 80
警察にあふれる「ナントカ官」の代表選手 80
専門分野の元締め警視 81
通好みの「巡査長」 83
警察トリビアの定番 83
舌を噛《か》みそうな「ジュンサチョウジュンサ」 84
「警部補」古畑任三郎はどれくらい偉い？ 86

警部補は職制だと「係長」相当　86
非管理職・実働部隊の長　87

十津川《とつがわ》、銭形《ぜにがた》……「警部」くらべ　89

実務者から管理者へ　89
署の警部、本部の警部、捜本の警部　91
銭形のリアリティ――警部の出向　92

査問はしません、監察官　93

いわゆる「警察の警察」　93
軍法会議みたいなことはしない　95

警察で「部長!!」といったら……　97

マンガにも出てくる定番ネタ　97
「ブチョウ」以外の階級の略称は？　99

殿上人《てんじょうびと》「警察庁長官」「警視総監」　100

ノンキャリアの昇任、キャリアの昇任　101
警察キャリアの「最終勝者」　102
長官と総監の実質的な違い　103

「刑事」いろいろ　105

刑事部門の刑事――保守本流　105

「刑事」という呼称、「捜査員」という呼称　107

エンタメの華、キャリアとノンキャリア　108

絶対数と交流頻度の大きな差　108

実は利害の一致がある　110

「キャリア批判」をつぶさに見れば……　112

交番にいる「ハコ長」　114

交番を仕切っているのは誰か　114

ハコ長とブロック長　116

「大阪府巡査」と「神奈川県巡査」に違いはある？　117

改めて「都道府県警察制」とは　117

警視正以上の特別ルール　119

冤罪《えんざい》防止、「取調べ監督官」　120

取調べをめぐる改革の取組　120

取調べ監督の具体的なスタイル　122

チェックアンドバランスあるいは内ゲバの制度設計 124
「警察官」と「警察職員」、実は違います 125
庶務のお姉さんは「警察官」ではない 125
警察官でも一般職員でもない「皇宮護衛官」 126
「捜査本部」は誰が指揮する？ 128
そもそも、捜査本部とは 128
いわゆる「雛壇《ひなだん》」に座るのは―― 129
警察の非常勤職員――やっぱり経験が必要 131
一般職の中にも違いが 131
非常勤職員が必要な理由 133
幅広い人材が必要だが…… 133
職人の極み、「技能指導官」 135
特定分野における達人・神様 135
技能指導官の任務と労苦 137
「婦警」はダメです、「女警」です 139
女性警察官自身にはこだわりがないが…… 139

女性警察官の割合・活躍 140
やっちまったかな……「ゴンゾウ」 143
不良警察官——どんな不良？ 143
ゴンゾウが生まれるプロセス 144
ゴンゾウの処遇と生き様 146

第3章 セクションが分かる——警察組織に関する言葉 149

「警察庁」「検察庁」「警視庁」……？ 150
やはり警察ネタの鉄板 150
国の組織と自治体の組織 151
「刑事」と「検事」 154
事件における役割の違い 154
事件における役割の入り混じり 155
「現場」ってどこだろう？ 157
どこからが「会議室」で、どこからが「現場」か 157

視点の置き方と「現場指向」 160

知名度ゼロかも、「管区警察局」 161

警察庁の出先機関 161
実態論としては…… 163

都道府県警察の現業部門 164

警察にもある、現業と管理の別 164
縦割りのギルド――捜査も行政も 166

エリートコース？「総務」「警務」 168

独特の概念、総警務 168
管理部門に配置される者とは 169
内ゲバ・競争 171

日本の誇り、「交番」「駐在所」 172

治安のコンビニ 172
交番警察官の「連帯責任」 174
一般的にはジェネラリスト 175
駐在所・パトカーと合わせて「地域部門」 177

「通信指令室」──ゆび令室なんです!!　179
無線指揮の指令塔　179
受理と指令──一一〇番通報を例に　180
再確認される重要性　182
縁の下の力持ち、「情通」　184
独特の位置付けをされる現業部門　184
独特の位置付けをする理由　186
情通差別はまずない　186
おなじみ「自動車警ら隊」　188
「隊」と「班」の違いで見分ける　188
自《ジ》らの勤務とステイタス　190
「警察用船舶」？　「警察用航空機」？　191
海も川も空も管轄区域　191
規模と運用　193
まだまだ必要、「機動隊」　195
ちょうどパリがデモで燃えているが……　195

任務の多様化と編制 197
厳しい訓練と独自文化 199
「警察学校」「警察大学校」……警察は学校だらけ 200
教育訓練至上主義 200
教育訓練の種類 202
教育訓練機関の種類 203
「官房長」と「官房長官」ではすごい違い 205
前提——警察における「大臣」とは 205
官房長の「偉さ」、官房長官の「偉さ」 206
「室長」「調査官」「対策官」？ 208
ナントカ官のカオス 208
警察官であっても悩む 211
「公安」とは何か？ 212
警備警察と公安警察——ビとハム 212
公安警察と公安調査庁の大きな違い 213
公安警察の伝統と自負 216

第4章 業界用語が分かる 219
——警察で用いられる隠語など
総論——「とにかく○だ!!」 220
何故隠語を用いるか? 220
基本型へのこだわり 221
既にメジャーな「バン」「職質」 223
職務質問にみる隠語と文脈 223
様々な活用形と関連語 224
「マル対」「マル目」「人定」「人着」 226
お客様について 226
お客様の特徴について 228
「マル害」「マル被」 230
ホシ、ホンボシ、ガイシャ? 230
マル被の身分変動 231
「ヨンパチ」「検事の助言」 232

48時間のタイムリミット 232
警察と検察の微妙な関係 234
ターゲットは「ガラ」「ヤサ」「ブツ」 236
捜査手続の「狙い」となるもの 236
討ち入り場所 238
警察一家の「オヤジ」「オフクロ」 239
誰が家長なのか？ 239
父親と母親の役割分担 240
アクセントに混乱、「本庁」 242
発音は？　正体は？ 242
警視庁の特例と「サッチョウ」 244
「下命」「伺い」「決裁」「申告」 246
上司とその命令 246
部下からのボトムアップ案件 247
根回しと儀式 248
やっぱり物を言う「星の数」 250

警察官の階級・職制・試験再論 250
実力と階級はほぼ連動 251
ネガティヴにもポジティヴにも「物を言う」 253
どんよりする「非違事案」「非違行為」 254
犯罪、規律違反行為、非行…… 254
警察不祥事の3パターン 256
たとえ免職でなくても…… 257
思いっきり特殊、「教養」「局線」「タレ」「縦書き」 259
何故なのか……「教養」 259
警察電話の仕組みと「局線」 260
交番頻出用語――タレ 262
横書き書式でも「タテガキ」 263
とても痛い!!　「受傷事故」 265
警察官は常に命懸け 265
警察官襲撃に対処するべく…… 267
役所ならではの悲哀と祈り 269

「本官」「自分」はアリ？　警察官の一人称　270
あまり知られていない正解　270
文脈／立場に応じた一人称の変化　272
「警官」と「県警」　274

第1章　事件が分かる

——捜査手続で使う言葉

始まりは全て「端緒《たんちょ》」

そもそも「捜査」とは何か

犯罪があると、警察は捜査をすることになります。アタリマエのことのようですが、実はこの1文だけでも、幾つかの疑問が生まれます。「犯罪」とは何か、「警察」とは何か、「捜査」とは何か……

これらをザックリ見ておくと、まず犯罪とは、国会が、法律で「〜をした者は、〜の刑に処する」というスタイルで定めた、ワルイ行為のメニューの全てです。典型的なのは刑法という法律で定められている「窃盗」「殺人」「放火」といった行為ですが、犯罪は何も刑法で定められているものに限られず、およそあらゆる法律で「〜をした者は、〜の刑に処する」というスタイルで定められた――これを罰則といいますが――ワルイ行為リストに該当する行為が全て犯罪になります。ですので、犯罪の種類は膨大《ぼうだい》な数になります。

犯罪があるとき、国は、犯人に刑罰を加えなければなりません。というのも国は、個人から刑罰権を取り上げているからです（個人の私的救済・自力《じりき》救済――要するにリンチ等は否定されるし、そもそも犯罪になってしまいます）。ゆえに国は「刑罰権を発動させる」ために――

すなわち「刑事裁判で勝って有罪を確定させ、刑の執行をする」ために、必要な証拠を集めなければなりません。もちろんそのためには、具体的に懲役刑や罰金刑、果ては死刑を受けてもらう犯人そのものを確保しなければなりません。ここで、「犯人」は犯罪の最大の証拠といえますから、証拠の1つなんだと割り切りましょう。そうすると、国が「刑罰権を発動させる」ためにすべきことは、要は、①有罪判決を確定させるために、②証拠を集めて確保する――というお仕事になります。このお仕事のことを「捜査」といいます。

全ての捜査のプロローグ、「端緒」

この「捜査」をする代表的な捜査機関は警察ですが、その詳細は別項に譲り、ここでは大事な確認を1つだけしておきます。それは、捜査は、立法・司法・行政の三権のうちだと、「行政」が行う、行政権の作用だ」ということです。警視庁の警察官とか、大阪地検の検察官とか、横須賀海上保安部の海上保安官さんとか、まあ誰でもいいですが、捜査をするのは全て行政権に属する、いわゆるお役所の人です。時々「全て司法に委ねているから……」という発言をメディアで聞きますが、もしそれが「現在捜査中だから……」という趣旨であれば、誤りのある発言です。捜査をするのは行政だからです。行政権が、個人の視点からすれば強大な権限を発揮して捜査をするので、他の三権である司法権が（＝裁判所が）、独立の立場からそれを厳しくチェックし、厳しくジャッジして有罪無罪を判断するのです。

さて、この「捜査」にはスタートラインがあります。裁判所に出す捜査書類でいえば、プロローグというかツカミというか、とにかく目次のすぐ次に来る最初のキッカケがあります。その捜査のキッカケのことを捜査の「端緒」といいます。業界用語では**タンチョ**の読みで統一です。

タンチョは何でもよいです。代表的なのは、一一〇番通報でしょう。「事件ですか事故ですか?」「じ、事件です、今バッグがひったくられて!!」とくれば、ひったくり、すなわち窃盗なり強盗なりの**タンチョ**があった——警察からすれば「**タンチョ**を得た」わけです。他の例としては、おなじみ職務質問があるでしょう。質問をしたり所持品検査をしたりすることで、例えば覚せい剤取締法違反の**タンチョ**が得られたり、自転車盗の**タンチョ**が得られたりします。もちろん、パトロール中に交通違反を現認《げんにん》すれば、これまた道交法違反などの**タンチョ**を得ることになる。それ以外にも、学校から児童虐待の連絡を受けたとか、はたまた、怒れる納税者から役所の犯罪を捜査してくれと申入れがあったとか——そうした、第三者が犯罪を知らせるのを「告発」といいます(厳密には、そこに「犯人の処罰を求める意思」があることが必要ですが)。対して、例えばDV・ストーカー事案における被害者など、犯罪の被害者自身が犯罪のあったことを知らせ、処罰を求めるのは「告訴」です。もちろん全て**タンチョ**となります。

「これ任意？ 強制？」任意捜査と強制捜査

「任意」の意味、「強制」の意味

捜査の分類の仕方のうち、最も日常生活に身近なのは、「任意捜査」と「強制捜査」の分類でしょう。とりわけ職務質問がここまで身近になると、「任意だからもう帰る!!」「任意だから応じない!!」という、時として緊迫したやりとりは日常茶飯事《にちじょうさはんじ》です。

ここで、実は職務質問というのは捜査そのものではないので——捜査の**タンチョ**を得るための活動で、すなわち捜査の始まるキッカケに過ぎません——より一般に、「任意と強制」「任意活動と強制活動」について考えてみましょう。

行政権は、個人の視点からすると強大な権限を発揮して活動しますから、そこには必ず、リミッターなり安全装置なりが必要です。もちろん、行政権が違法なことをすれば、それはその違法なことの後に司法権の（＝裁判所の）チェックを受け、被害者も金銭的に救済され得ますが……しかし、コトが起こってからの、しかもお金（賠償）による救済だけでは、安全装置として十分ではありません。極論、行政権の側としては、「どうにかして裁判所を騙《だま》せばよい」

「事後的にお金を払えばプロセスで何をしてもよい」――という考え方もとり得るからです。

そこで、我が国憲法なり刑訴法なりは、行政権の活動を事前に縛る大原則を定めています。それは、「個人の権利を制限したり、義務を増やしたりする活動には、必ず国会が定めた法律の根拠が必要である」という大原則です。要は、行政権はあまりに強大で強力なので、もし行政権が個人にいきなりデメリット・不利益を課すのであれば（これこそが強制活動）、それには必ず具体的な根拠条文が、しかも法律の根拠条文が必要だ――という大原則です。

ここで、「法律」「法律」と強調しているのは、裏から言えば、「ナントカ省令とか、ナントカ省規則とか、通達とか行政指導ではダメ!!」という趣旨からです。ちゃんと、他の三権であるところの立法権が独立の立場で審議して判断して制定した、法律というスタイルのルールでなければ根拠としては認められない、という趣旨です。そして、既に述べたように、捜査を行う警察も行政権の一員ですから、この大原則の適用を受けます。これは、捜査であろうと、その他の活動であろうと――例えば営業の規制であるとか、災害時の避難等の措置であるとか――全く変わりません。

「任意」が何故争われるか

これらをまとめれば、「任意活動には法律の根拠はいらないが、強制活動なら必ず明文の根拠が必要だ」となります。それを捜査の場面に適用すると、「任意捜査には法律の根拠が必要でなく、強制捜査には明文の根拠が必要だ」と、こうなります。

ここで、任意とは——業界用語でも**ニンイ**——相手方が自発的に協力してくれることですが、これは、職質における紛議《ふんぎ》を想定しても御理解いただけるとおり、かなり微妙なラインでの攻防を前提としています。というのも、**ニンイ**に応じてくれるかどうかを「説得すること」「そのためにある程度くっついて動いたりすること」「それなりの時間を掛けてお願いすること（＝相手方にも時間をとってもらうこと）」等は、裁判所もOKだと認めているので……

まあ、自由意思を完全に奪ったり、事情からして到底許されないレベルの物理力を使ったりすれば即アウトですが（ダイレクトな物理力のことを、業界用語で有形力、**ユウケイリョク**といいます）、即アウトにならない局面も多々あります。例えば、「説得等が裁判所の認める範囲に収まっているかどうか」は、判断の問題が絡《から》みますので、相手方にとっても警察官にとっても、ギリギリの戦いとなり得ます。他方で、自由意思を奪う状況を作ったり、いきなり**ユウケイリョク**を使ったとなれば、それは業界用語でいう**キョウセイ**でしかなく、根拠条文がない、あるいは根拠条文に違反しているとなれば即アウトで違法です。

右では職質（捜査ではない活動）をイメージして解説しましたが、捜査そのものにおける**キョウセイ**としては、有名な**ガサ**——捜索がありますし、これまた有名な逮捕も**キョウセイ**です。

他にも差押え、検証、通信傍受等々、諸々の**キョウセイ**があります。むろん、それぞれの1つ1つに、法律の具体的根拠が求められ、実際にそれが存在するわけです。

経験者多数の「職質」

職質はどこまでも任意

警察という行政権（の一員）は強制活動を行う。それには法律の根拠がいる。また強制活動の1ジャンルが強制捜査である。強制捜査には逮捕、捜索、差押え、検証、通信傍受等がある――前項ではそんな話をしました。

ここで、これら強制捜査については、ドラマで視《み》るとおり、司法権（＝裁判所）の事前チェックがあります。すなわち、これらの強制捜査をするときは、事前に裁判官にお願いして、令状――業界用語でいう**オフダ**を頂戴しなければなりません。イメージとしては、裁判官は決裁権者・査定権者で、警察官がしてくる「令状請求」（**レイセイ**）を自由に審査して、いくらでも駄目出しできます。オフダを出すのはあくまで裁判官で、これすなわち、**キョウセイ**でやってよいと許可を出すのは裁判官ですから、世間一般でまことしやかに言われているように、この裁判官の審査はザルではありません（もちろん、裁判官とはいえ人間のやることなので、厳しい厳しくないの別などはどうしても生まれますが……）。いずれにしろ、裁判官の審査は、**レイセイ**に赴く警察を緊張させる程度には厳しいものです。それはそうです。適当な審査をやって違法に**オフダ**を出したとなれば、審査を担当した裁判官の責任問題にもなりますから。ゆえに「落第」もナチュラルにあり得ます（そして落第……いわゆる**キャッカ**となると、令状請求警察官としてはかなり恥ずかしくイタい）。ただ、このような事前審査がある強制活動については、警察官もかなり事前に入念な準備をしますし、令状が下りたとなれば裁判官のお墨付きがもらえたわけですから、その後の紛議は、まあ、ポカか凡ミス以外は起こらない。

ところが、警察官が街頭で行う「職務質問」（業界用語で**バン**、**バンカケ**、**ショク**、**ショクシツ**）となると、それはまさに現場における臨機応変のハンティングですから、事前の令状審査も何もありません。ゆえに、シナリオの展開によっては、様々な人間ドラマを引き起こします。バッグの中身を見せる見せないで1時間の口論になるとか、あるいは相手方が自動車の中に6時間籠城《ろうじょう》してしまったなる事例も、めずらしくはありません。

職務質問がそのようにドラマティックになるのは、これが飽くまでも任意活動だからです。**ニンイ**であるということは、強制活動になってはならないということ。**キョウセイ**にならないようにするということは、要は「相手方の権利を侵害しない、新たに義務を課さない」「その自発的な協力によって目的を達成する」――ということです。ゆえに、警察官は職質対象者の体に触れませんし（自由意思の抑圧になる）、職質対象者の荷物を勝手に開けませんし（強制捜査であるガサ、しかも**オフダ**のない悪質ガサになる）、職質対象者を包囲して身動きとれない状態にすることもありません（強制捜査である逮捕になってしまったり、監禁罪等が成立してしまう）。

警察官にとってのキモ

このように、警察官というプレイヤーは、**キョウセイ**になってはならないという大原則によって腕を縛られているわけですが（**ニンイセイ**の確保）、そうはいっても、職質という活動は法律上――警察官職務執行法第２条――まずは「不審者」について実施する活動ですから、そこでは治安のプロとしての確固たる責任感が必要となってきます。

ゆえに例えば、ティッシュを受け取ってもらえなかった通行人を素通りさせるようなノリではいけません（その見逃しがきっかけで、街頭において、通り魔による大量殺人が発生したらどうするのでしょう。被害者の方々にお詫びしてもお詫びしきれないのは当然ですが、「警察官の見逃し」そのものが裁判所に違法とされ、賠償責任が発生することもナチュラルにありま す）。すなわち、職質は主として、警職法第２条に規定する「不審者」に狙いを定めて開始するので、その不審点が解明されるまでは／その不審点がいよいよ検挙レベルまで高まるのを確認できるまでは、相手方から離れるわけにはゆきません。

すると、警察官にとっては、**ニンイセイ**を確保しつつも不審者を「どう逃さないか」がキモとなります。他方で、職質を受けた人にとっては、この人が本当に犯罪者であれば**ニンイ**であることを強調しつつ「どう逃げるか」がキモになるし、あるいはこの人が全く無辜《むこ》の、善良な市民の方であれば、「面倒くさいし、疑われているようで不快だから、さてニンイであることを強調して突っぱねるか、それともとっとと終わらせるか……」という判断の問題が出てきます。ここに人間ドラマが生まれない方が不思議でしょう。

なお、職質は任意活動ながら、このように機微《きび》にわたりますので、前述のとおり法律の明文の根拠があります（法律の根拠が必要なのは強制活動のはずだけれど、重要な任意活動についてもまた、警察官の腕を縛っておく必要があるため）。

また、その警職法第2条に規定されているとおり、職質の対象となるのは、右の「不審者」だけでなく、既に行われた犯罪について何か知っているなどの「参考人的立場にある方」もまた対象となりますので、警察官が職質を仕掛けてきたからといって、全てが全て、相手方を犯罪者扱いしているわけではありません。すなわち、職質をされたからといって、全てが全て「ワルイヤツだと思われている」わけでは絶対にありません。そこは御了承ください（そして口論になってしまってはどちらにもメリットはありませんが、自分が「不審者」カテゴリとして見られているのか、「参考人的立場にある者」カテゴリとして見られているのかは、当然、確認してよいことです。職務質問の根拠というか、根幹にかかわることだからです）。

「被疑者」と「容疑者」、どう違う？

代表的なメディア用語、「容疑者」

殺人事件の犯人でも、振り込め詐欺の犯人でも何でもよいですが、メディアがその検挙を報じるとき、その敬称（？）は「容疑者」ですね。古野容疑者、見城容疑者といった感じで。そしてこれは、嫌疑が晴れて「古野さん」に戻るか、いよいよ裁判所に起訴されて「古野被告」になるまでずっと変わらないわけですが――ただ、この「容疑者」という言葉は実はメディア用語で、業界ではほとんど使われません。業界だと、このニュアンスの言葉は――より正確には「犯罪を犯した疑いのある者」の呼称は「被疑者」、**ヒギシャ**でほぼ統一されます（もちろん**ヒギシャ**が起訴されれば被告人となります）。ですので、例えば私が捜査線上に浮かび、検挙され、検察官によって起訴されるまでの間は、ほぼずっと古野被疑者と呼ばれ／書かれます。

業界人が「古野容疑者」と呼ぶのは、かなりのレアケースです。

一説によれば、メディアが「容疑者」という呼称を用いるのは、例えば「被疑者の古野」と「被害者の古野さん」が発音としてとても近く、かつ、我が国の文化として被疑者＝犯人だ、という悲しい誤解もあるので、両極にある被疑者・被害者の混同を避けるために、「容疑者」という呼称を用い始めたからだ――とのこと。そういえば、私が幼かった頃は、そもそも被疑者はメディアでは呼び捨てでした。

ただ、ならば業界において「容疑者」が絶対に使われないかというと、経験上はそうでもありません。昭和の古い法令だと、そのまま「容疑者」という用語を使っているものも――ごくごくわずかですが――ありますし、それよりも、事件ごとに作成される捜査書類において、「容疑者」という用語を見かけることはありました。例えば、『容疑者割り出し捜査結果報告書』のような感じのものは、まま見かけます。

警察における「容疑者」

では、それがどのような文脈で使われ、ヒギシャとどのように切り分けられているかというと……私は理論的な正解をとうとう知らないまま退官してしまいました。ただ、見た範囲では、捜査のかなり初期段階において「容疑者」という呼称がされているケースが多かったです。イメージとしては、そうですね……まだ**ヒギシャ**とまではいえないが、取り敢えず捜査線上に浮かんできた被疑者候補、これから初動捜査をして被疑者性の見極めをしなければならない者、純然たる市民でも参考人でもないが、といって**ヒギシャ**として表現するには抵抗がある者——そうしたモヤモヤッとした、白とも黒ともグレーともつかない被疑者候補を、容疑者と呼んでいた感じがします。きっと、平均的な警察官をつかまえて「被疑者と容疑者はどう違う？」と質問したとしても、「知らない」「そんなことは実務に関係ない」あるいは「捜査書類に書くときだとちょっと考えるかも知れないが、普段はあまりこだわらない」と答えると思います。

まあ、捜査書類が着々と作成されてゆき、例えばいよいよ**オフダ**まで獲《と》ろうかといったあたりでは、100%が**ヒギシャ**と呼称されます。そもそも、捜査の基本となる刑事訴訟法が「被疑者」で統一していますので、刑事訴訟のための捜査書類が**ヒギシャ**を用いるのはむしろ当然でしょう。そして、刑訴法以外の法令でも「被疑者」を用いる派が圧倒的で、その数は「容疑者」派と比較になりません（ちなみに法令用語は、古ければ古いほど用語にブレがあり、新しければ新しいほど狂気・執念を感じるほど用字用語の整合性を持ちます）。ゆえに、もし創作物等でリアリティを求めるなら、**ヒギシャ**を使用するのが「いかにもそれっぽい」でしょう。

ちなみに、別項でも述べますが、「被疑者」の業界用語はそのまま**ヒギシャ**か（言い換えるほど音が長かったり誤解を含んでいないので）、ちょっとボカしたいとき、例えば出先で市民の方に聞かれたくないとき等は**マルヒ**です。「ホシ」は100%ありません。

意外にカッチリ決まっている「不審者」

不審者と被疑者

容疑者と被疑者の話の次に、「不審者」の話をします。これはもちろん、業界用語としてではなく、日常用語として用いられますが――警察官自身も業界用語としてではなく「怪しいなあ」というニュアンスで用いますが――他方で、業界用語・専門用語としての意味も持ちます。被疑者と対比させると解りやすいので、ここで概観しましょう。

まず**ヒギシャ**とは、犯罪を犯した疑いのある者であり、刑訴法その他の法令においても用いられている言葉ですが、業界用語としての不審者、**フシンシャ**は法令上の用語ではありません。警察行政法という学問上の用語です。ただ既に70年近い歴史を持つ概念ですから、法令用語同様に煮詰《につ》まっているといえますし、警察実務のテキストでもナチュラルに出てくる用語です。

その**フシンシャ**とは、「何らかの犯罪を犯し、若《も》しくは犯そうとしていると疑うに足りる相当な理由のある者」のことです。**ヒギシャ**と対比してください。**ヒギシャ**は犯罪を犯した疑いのある者です。もっといえば、それが殺人であれ万引き（窃盗）であれ強制わいせつであれ、具体的な犯罪を犯した疑いのある者です。だからこそ捜査されている――捜査手続に乗っているわけです。他方でフシンシャは、「何らかの」犯罪だとか、「犯そうとしている」だとか、そういったレベルの対象ですから、まさかヒギシャとはいえませんし、まだ捜査されてはいませんし、捜査手続に乗っていません。事情によっては、これから捜査手続に乗る人です。

「不審者」の根拠条文

このような「何らかの犯罪を犯し、若しくは犯そうとしていると疑うに足りる相当な理由のある者」については、その事情を詳しく解明しなければなりません。いえ、消防署員さんなり市役所員さんなりにはそんな義務などありませんが、警察官にはそうした責務があります。ゆえにここで、既にお話しした「職務質問」を掛けることになります。なお、先に「職務質問は捜査でなく、捜査のタンチョ――きっかけである」と説明したことを思い出してください。捜査ではない、職務質問という活動によって事情を見極め、もし対象者が「疑うに足りる相当な理由のある者」を超えて「犯罪を犯した疑いのある者」だとなれば、それはいよいよヒギシャですから、ステージが捜査に切り換わり、職質がそのプロローグ――タンチョとなったわけです。もちろん事情を見極めた結果、「疑うに足りる相当な理由」がなくなったとなれば、相手の方は被疑者でも何でもなくなりますから、捜査が始まることはあり得ません。警察官はお礼を述べて立ち去る。捜査の端緒はなかった。それだけのことです。

このように、業界用語としてのフシンシャは、職務質問と密接に関係しています。フシンシャはヒギシャではないけれど、ヒギシャかどうか見極めるために職質をするわけです。ゆえに――若干説明が逆立ちしている感もありますが――職務質問について定めている警察官職務執行法第2条が、フシンシャ概念を定めているというか、フシンシャ概念の根拠となっているのです。右に引用した、「何らかの犯罪を犯し、若しくは犯そうとしていると疑うに足りる相当な理由のある者」というのは、まさに警職法第2条第1項の文言です。これを解釈上・警察行政法という学問上・実務上、不審者、フシンシャと呼ぶことにしているのです。

ちなみに、引用した文言だけでは、「なんて主観的な決めつけ方をしているんだ!!」とお怒りを買いそうですが、警職法は70年近くの歴史を有する超古典的な法律ですから、既にこれまで様々な人間ドラマを生み、そのうち少なくないものが最高裁まで争われ（今現在も激しく争われています……）、最高裁によって、不審者の概念についてもその意義についても見極め方についても、恐ろしく詳細なルールが示されています。昔の法令は、判例による無数の解釈によって、「条文では見えないルール」を設定されていることが大半です。

「参考人」？「重要参考人」？

再び、代表的なメディア用語

報道でもフィクションでも、「重要参考人」という言葉がよく出てきます。報道であれば「警察は、古野さんを重要参考人として、慎重に捜査を進めています」など。フィクションであれば、「この重要参考人の古野だが、どうにもコイツがホンボシに思える……」など。要は、限りなく犯人に近いけれど、何らかの事情があってまだ断言はできない、そんな超グレーな被疑者のことを「重要参考人」と呼んでいると思われます。

ところが、これまた「容疑者」同様メディア用語でして、業界人はこの言葉を使いません。超グレーであろうと何だろうと、犯罪を犯した疑いのある者＝**ヒギシャ**であれば、超グレーになる以前の段階からずっと**ヒギシャ**のまま。逮捕直前でも**ヒギシャ**ですし、身柄を拘束しない事件であれば起訴直前でも**ヒギシャ**です。業界用語としては、重要参考人という言葉はない、と言い切ってしまってよいでしょう（そこは「容疑者」と微妙に違いますね）。

ここでむしろ、「重要参考人」＝超グレー、みたいなイメージが形成されることは、「参考人」の概念にとって有害といえます。というのも、捜査手続において「参考人」とは、①刑訴法等の法令の考え方でいうなら被疑者以外の全ての者ですし、②業界関係者の実務感覚でいうなら被疑者・被害者以外の全ての者だからです。すなわち、どちらの考え方に立ったとしても、参考人というのは極めてニュートラルな概念で、そこには市井《しせい》の一般人も含まれれば（目撃者、情報提供者など）、被疑者と一定の関係がある人も含まれますし（親、友人など）、捜査に協力する各種プロフェッショナルも含まれますし（通訳、鑑定人、医師など）、はたまた、事件Aについては被疑者ではない事件Bの被疑者、あるいは被疑者である暴力団員の悪友なども含まれます。

ゆえに、業界用語としての**サンコウニン**は、犯罪の嫌疑とは無関係な言葉です。ある殺人事件でいえば、その事件の被害者とその事件の被疑者以外の、まあ理論的には、人類全てが**サンコウニン**となり得ます。もちろん**サンコウニン**にはイイヤツもワルイヤツも含まれますが、ワルイヤツであるかどうかによって「重要参考人」と呼ばれることはありません。

「参考人」はニュートラルな概念

なお、業界でも、「重要な参考人」「重要な事件等参考人」といった言葉が、法令や通達で用いられることはあります。これがきっと「重要参考人」というメディア用語に影響を与えているのかなあ、という感じもしますが……ただ業界用語としての**ジュウヨウなサンコウニン**は、文字どおり、ある捜査手続において（その事件において）重要な参考人、事件の組立てにおいてその供述なり証拠なりが重要になってくる参考人――といったニュアンスで使われていますので、メディア用語の「重要参考人」より幅広な概念だと思います。

もちろん、ある事件における**ジュウヨウなサンコウニン**のうちには、なるほど「今は被疑者ではないけれど、今後被疑者になる可能性が高いと認められる参考人」（メディア用語の重要参考人）が含まれるでしょう。そのような参考人がいなければ事件が立たないという意味で、そういう参考人は重要に決まっていますから。ただ業界用語としての**ジュウヨウなサンコウニン**には、捜査に――だから刑事裁判に欠かせない重要な供述・証拠を提供してくれる方が含まれますので、やはり**サンコウニン**の一類型として、極めてニュートラルな概念であるといえます（**ジュウヨウなサンコウニン**は、ワルイヤツだけではない）。

創作物等でリアリティを求めるなら、「重要参考人」は確実に避けた方がよいでしょう。

ちなみに、確実にいいひとであると分かっている**サンコウニン**が、例えば警察署に呼ばれ、刑事と和気藹々《わきあいあい》と歓談しつつ調書を作成されたときであっても、それもまた「取調べ」と呼ばれますし、「取調べを受けた」ことになります。「取調べ」も、ワルイヤツだけに使われる用語ではありません。このように、取調べもニュートラルな用語です。

「通逮」「緊逮」……逮捕のあれこれ

一般原則、通常逮捕

メディアのクライマックスあるいはグッドエンドにして、業界ではウンザリする書類仕事のプロローグでもある「逮捕」。これについては、多くの方が具体的なイメージを作ることができるでしょう。

ただ、既に整理した概念を使ってもう一度考えてみると――まず逮捕とは、①行政権の一員である警察などが、②強制的に被疑者の体を拘束してしまい、③その後しばらくは拘束し続けることです（＝留置）。その目的は、④司法権（＝裁判所）に確定有罪判決を出してもらうため、被疑者という最大の証拠の1つを確保することです。これは個人の権利義務を変動させるので（そもそも移動の自由がなくなる!!）、強制捜査――**キョウセイ**となり、よって既に見たとおり、立法権（＝国会）が制定した法律の根拠が必要です。ちなみに最高規範である憲法も、逮捕について厳しいルールを定めています。

さてこの逮捕のうち、最もスタンダードなのは「通常逮捕」です。業界用語でいう**ツウタイ**です。**ツウタイ**は、ある事件の捜査プロセスにおいて、被疑者の「グレーの度合い」が一定程度に高まった時点で行われます。グレー度が一定程度に高まると、警察は、裁判官に逮捕状の請求をすることができるようになります（先に述べたレイセイ）。裁判官は、法令によって定められていると判断できたら、逮捕状を発付《はっぷ》します。先にも述べたいわゆるオフダですが、逮捕状については、タイホジョウと素直に呼ぶ方が多いと思います。音節も長くないですし……そして令状審査が通ると、被疑者を通常逮捕できることになります。これが、スタンダードな逮捕というか、デフォルトの逮捕です。

おなじみ、現行犯逮捕

他方でイレギュラーなのは、「現行犯逮捕」と「緊急逮捕」です。

現行犯逮捕は、イメージ的には、まさに眼の前で罪が犯されている場合の逮捕パターンです。実際に犯罪の「炎」が燃えているとき、いくら逮捕がキョウセイだからといって、あるいは令状審査が必要だからといって、じゃあ現場に駆けつけた警察官が、「すぐ裁判官に会ってきます!!」「人権を守るため手続が必要です!!」なんてことをしていたら、無駄ですし被害者さんが大変ですよね。そもそも令状請求においては、そこそこ神経を使って作成する「お願い資料」をセットしてから（まあプレゼン資料ですね）、それに基づいて裁判官の審査を受けないといけませんが、今まさに犯罪の「炎」が燃えているなら、そんなデスクワークに帰る余裕はないし、今眼の前に犯人がいて犯罪があるのだから、いわゆる誤認逮捕のおそれは著しく小さい。よって現行犯の場合は、令状請求がいりません。すなわち逮捕状がいりません。無令状ですぐに被疑者を逮捕できますし、やりたいなら無令状で**ガサ**すらできます（逮捕現場の無令状ガサは、警察にとってかなりのアドバンテージです）。もちろん、現行犯逮捕手続がどのようなものであったかについて後刻、それなりのデスクワーク・書類仕事が発生しますが……

　ちなみに現行犯逮捕は、業界用語では**ゲンタイ**です。そのままですね。この**ゲンタイ**は、犯罪と犯人が明白だからできる――という理屈によって認められるため、「それなら誰にとっても明白じゃないか、例えば警察官じゃなくてもいいじゃないか」という理屈にもなり、それはそのとおり、ということで、よって一般市民の誰もが可能な逮捕行為とされます（ただし**ガサ**は無理です）。これを、私人による現行犯逮捕とか**シジンタイホ**とか**ジョウニンタイホ**とかいったりします。あとこの**ゲンタイ**の亜種《あしゅ》として、イメージとしては犯罪の炎が「たいまつや蠟燭のように残っている・見えている」場合に認められる「準《じゅん》現行犯逮捕」というパターンも認められるのですが（**ジュンゲンタイ**）、これは使いにくさに定評があり、現場では非常に敬遠されあるいは忌《い》み嫌われていて……刑訴法の実務書でも「迷ったら緊急逮捕（後述）を選ぼう!!」なんて旨が記載されるほどなので、ここでは深入りしません。

警察官泣かせ、緊急逮捕

この現行犯逮捕以外のイレギュラーな逮捕としては、「緊急逮捕」があります。緊急逮捕は、**ゲンタイ**と**ツウタイ**のいわば混合型、あるいは足して2で割ったものです。業界用語だと**キンタイ**です。

キンタイの特徴は——①一定の犯罪について（罰則が「死刑」「無期」「長期3年以上の懲役／禁錮」と定められている犯罪だけ。まあ結構多いので、むしろ「**キンタイ**できない罪名」を覚えた方が実務的には便利ですが）、②通常逮捕よりもグレー度が高いと認定できる場合に、③急がないといけないから令状請求していられないときに限って、やはり無令状で逮捕ができることです（正確には「とりあえず無令状で逮捕ができる」でしょうか）。スタンダードな手続である事前の令状請求を、警察官独自の判断でナシにすることができてしまうので、右のように、①罪の種類による縛り、②疑いのグレー度による縛り、③急速を要する縛りが掛けられているのです。また、**キンタイ**の場合は現行犯ほど犯罪と犯人がハッキリしてはいないので（しているなら**ゲンタイ**すべき）、事後に裁判官の審査を受けなければなりません。要は、**キンタイ**の場合は、逮捕してしまってから令状請求をするという、「後からの埋め合わせ」が必要で、しかもこれは「直ちに」しなければならない宿題となるので、**キンタイ**は現場警察官泣かせです。現場もお祭りというか、恐ろしくバタバタします。犯人を逮捕してきたのだから、いよいよ捜査することはたくさんあるのに、とにかくまずは「直ちに」裁判官へのプレゼン資料一式を整えなければなりませんから。遅れるとそれだけで違法、釈放ですから。そして審査の結果、却下となればそのキンタイがまるで無駄となるほか（やはりすぐ釈放）、それ以降の再度の身柄拘束が、実際上かなり難しくなります（これがゲンタイならば、こんな「直ちにやるべき令状請求の宿題」は発生しません）。

「任意同行」にもいろいろ

任意同行の人間ドラマ

またもや、ニンイとキョウセイの話です。

任意同行――業界用語でニンドウ――というからには任意活動で、したがって当然、個人の権利義務を変動させないもの、個人の自由意思による自発的な協力によって行われるものです。

ただこれも、やはり捜査をする側としては、警察署なり交番なりに来てもらうのが目的ですから、来てくれないとなれば、そのために必死の、あるいは粘り強い説得をするものですし、それを求められた個人の側としては、権利義務が変動しないとはいえ負担にもなれば不安でもあるし、やはり「恐い」ものですから、どのように説得を受けようとも、**ニンイ**であるならば応じられないとする人も少なくないでしょう（「どうしてもというなら逮捕状を持ってこい!!」）。

ここにまた、不謹慎ながら小説のような、ドラマティックな人間ドラマが生まれます。

この**ニンドウ**で、読者の方にとって最も身近なのは、職務質問の際の**ニンドウ**でしょう。既に述べたように、職務質問は捜査ではありませんが（捜査の**タンチョ**を得る活動）、よってこのときの任意同行もまた捜査ではないのですが――職質の根拠となる警職法第2条が、職質の対象となった人について、警察署・交番等に**ニンドウ**を求めることができる旨を定めています。これは**ニンイ**ですから「法律の根拠は必要ない」はずですが、警察にとっても個人にとっても重要な局面・重要な活動なので、例外的に――というか念押しで、どういうときに、どういうかたちで**ニンドウ**を求めることができるのか、警職法という法律が定めているわけです。

職質における「駆け引き」

さてこの警職法は、シンプルにいえば――職質によって、①いわば公道での晒《さら》し者《もの》になってしまうのが対象の人にとって恥ずかしい・屈辱的だといった場合や、②雨などの悪天候だから気の毒だといった場合、あるいは、③人集《ひとだか》りができたり、車の往来が多くて危険だといった場合において、職質時に**ニンドウ**を求めることを認めています（いわゆる同行要求）。

もちろん同行要求に応じないからといって、まさか逮捕されたり刑罰を科されたりすることはありません（だったらそれは任意活動でなく強制活動でしょう）。そして警察官としても、正直多忙なわけで、片端から職質の相手方をニンドウしていたら仕事が回りません。ゆえに、職質時に警察官がニンドウを求めたとすれば、それは、相手方が前述の「不審者」であると認められるような「グレー度が高い場合」でしょう。

ゆえに、警察官は説得にある意味命懸けになり、それに比例して相手方もヒートアップしてゆくことが多いです。ここで、警察官の目的は「職務質問の継続とグレー度の解明」ですから、この目的を達するため、どれだけ自分がカームダウンできるか／相手方をカームダウンできるかが、ポイントとなってきます。

捜査における任同はまた異なる

さて任意同行には、この警職法上の——職質における——ニンドウ以外に、捜査のための、捜査としての任意同行があります。これも業界用語としてはニンドウです。

イメージとしては、街頭で制服のおまわりさんが同行要求をしてくるのが警職法のニンドウ。他方で、まさにドラマで描写されるように、例えば——かなりの早朝、ピンポンとチャイムが鳴ったので玄関を開けたら、くたびれたスーツを着た刑事が2人立っていて、「古野さんですね。○○事件についてお話を聞きたいので、これから警察署まで御同行願います」なんていうそんなパターンが、刑訴法に根拠を有する**ニンドウ**です。こちらはまさに捜査として、私服の捜査員が、被疑者の取調べをすることを前提に行う**ニンドウ**です。その意味では、まだ不審者である人の不審性を解明するため、主として制服警察官が質問の継続を前提に行う前述の**ニンドウ**とは、類型が異なります。また捜査としての**ニンドウ**を実務的に見ると、捜査としての**ニンドウ**にあっては、既に逮捕状を獲《と》ってはいるものの、①いきなり逮捕だと名誉等を害するおそれもあるからまずニンドウをかけて署で逮捕する、②どのみち逮捕はするがまずニンドウをかけて最後の弁解等を署で確認してから逮捕する――というパターンが日常茶飯事です。

いずれにしろ、警職法の**ニンドウ**、刑訴法の**ニンドウ**のどちらであれ、**キョウセイ**にわたるとなれば「逮捕」とみなされ、もちろん「違法逮捕」となり、警察はペナルティを受けます。また、例えば職務質問をしていたら怪しいブツが出てきて、**ニンドウ**をかけることになったとすると、それはもう捜査と捜査でないものとが混然となった、あまり区別の実益のない、捜査への移行中の任意同行だととらえる裁判所も多いです。

いわゆる「ガサ!!」

捜索と差押え

人の家なり企業のオフィスなり、あるいはアングラカジノなどにいきなり踏み込んで、あちこち徹底的に引っ繰り返し、あれもこれもゴッソリ持っていってしまう——ドラマでもよく描写される局面ですが、これはもちろん捜査の1つで、さらにもちろん強制捜査の1つで（それはそうです、財産権の侵害＝個人の権利義務の変動ですから）、ゆえに市民にとっては恐ろしいものです。**ニンイ**でない以上、どう抵抗しようと排除されますから。裏から言えば、警察としては、あらゆる抵抗を排除して望む捜査を行うため、事前に裁判官から**オフダ**をもらっているのですから……

この、強制的に証拠品を「借りてくる」捜査を捜索といい、業界用語では御案内のとおり**ガサ**といいます。ゆえに**ガサ**の令状のことを**ガサフダ**と呼ぶのが普通です。

より正確に言えば、この**ガサ**だけだとまあ「捜す」「荒らす」「引っ繰り返す」ことしかできませんので、合わせて「借りてくる」「しばらく借りたままにしておく」という権限も必要になってきます。そうした捜査を差押えといいます（業界用語でも**サシオサエ**です）。したがって、いわゆる**ガサ**の場合、証拠品を「捜し当てて」（捜索）、「借りてくる」（差押え）ことがほとんど一体になりますから、この捜査は正確には「捜索と差押え」という捜査で、ゆえに**ガサフダ**も正確には「捜索差押許可状」となります。まとめますと、**ガサ**という強制捜査を行い、目指す証拠品を強制的に確保しようとするときは、裁判官に、捜索差押許可状を請求し、令状審査を受け、これをゲットする必要があります。

ガサを統制する仕組み

このガサのハードルは、例えば逮捕ほど高くはありません。逮捕の場合は、例えば通常逮捕（逮捕状をとってする逮捕）だと、被疑者が「罪を犯したことを疑うに足りる相当な理由」を裁判官にプレゼンすることが必要不可欠となりますが――時としてそのための捜査は極めてハードなものとなり得ますが――**ガサ**だと、裁判官にプレゼンすべき内容は、「犯罪の捜査をするについて必要がある」ことだけです（**ガサ**をすることがその犯罪の捜査にとって必要だと納得してもらえればそれでよい）。もちろん、「必要がある」かどうかを審査するのは令状請求を受けた裁判官ですから、**レイセイ**を却下するかどうかも裁判官のいわば勝手気儘《きまま》です。また、既に述べたとおり、**オフダ**の**レイセイ**が却下されたなんてのは、警察では最大級のスキャンダルの1つなので、「犯罪の捜査をするについて必要がある」というプレゼンにも、重要事件であればあるほど、「まさかケッチン喰らうわけにはゆかない」というプレッシャーは掛かります。

このガサで「借りてくる」ことができるのは、ガサフダに記載され、裁判官に審査してもらった「差し押さえるべき物」のみですが（業界用語でいうベキモノ）、これのリストアップの際は、「Aその他本件に関係ありと思料される一切の文書及び物件」「本件犯罪に関係のあるA、B、C、D等」といった表記が実務上許されるので、どこまでがベキモノだったのかは、後の刑事裁判で厳しく争われることがあります。また、裁判官としては、警察が無制限に個人の住居なりオフィスなりを荒らすのを許す訳にはゆきませんので、捜索をする物理的範囲を限定します。すなわちガサフダには、「捜索すべき場所、身体若しくは物」（業界用語でいうベキバショ）が記載され、住所とか部屋番号とかによって、警察がガサを行える場所が明示され制限されます。

なお、ガサあるいは捜索差押えは、人様の物を勝手に借りていってしまうことですから、何を借りていったのかは、捜査書類としてリストアップされ、直ちに作成され、ガサされた人などに「これらの物を持ってゆきます」という趣旨の一覧表が必ず手渡されます。

「検証」？「現場検証」？

またもやメディア用語

メディアの事件報道では、例えば「今このブルーシートの中で、警察が現場検証を行っています!!」とかいったセリフとシーンが流されます。ヘリコプターをばらばら飛ばして、現場を空撮することもありますね。ドラマ等においても、「まだ現場検証が終わっていない段階ですから……」「現場検証の結果によれば、犯人はまず裏口から侵入し……」なんてセリフがよく出てきます。

ところがこの「現場検証」という言葉も、業界ではあまり聞きません。意図して使うことはまずないと思います。「容疑者」「重要参考人」同様、解りやすさその他の理由から一般化したメディア用語だと思います。

ここで、捜査でいう検証――音節が少ないので、業界用語でも**ケンショウ**――とは、確かにメディア用語でいう現場検証を含みますが、実はもっと幅広な概念です。すなわち**ケンショウ**とは、業界の堅い言葉でいうと、捜査員等が「①五感の作用により、②身体・物・場所の、③存在・性質・状態を認識する強制捜査」のことです。既にお解りのとおり、**キョウセイ**ですから、裁判官の令状をゲットしなければなりません。その令状は検証令状です（業界用語でも検証令状だと思います）。

検証は、要するに見たり聞いたり嗅いだり触ったり……まあ食べることはないと思いますが……そうした「五感の作用」で、検証の対象となったモノが「いったいどのようなモノで、どのような状態にあるのか？」を確認し、証拠化する捜査です。証拠化するということは、対象となったモノを調書に――この場合は検証調書に――詳細に記載したり、それに伴って図面、模写、見取り図等を作成したり、あるいは写真撮影をしたりすることです。そうすることによって、例えば殺人事件が発生したかなり後に開始される刑事裁判においても、犯行現場がどのようであったか、凶器はどのようであったか、はたまた血飛沫《ちしぶき》はどのように飛んでいたか、指紋や足跡《そくせき》はどのように残っていたか……等々を、リアルに提示することができるようになります（裁判官・裁判員が、当時の様子をリアルに理解できるようになります）。

「検証」の特徴

よって警察官にとっては、「現場検証」もシンプルに「検証」の1つであって、改めて現場検証と呼ぶ必要がありません（呼んでもおかしくはないですが）。また、**ケンショウ**は現場検証に限られませんので――要は証拠としてリアルに残したいモノ全てが**ケンショウ**の対象となるので――例えば死体、被害者の着衣、現場にあった出刃包丁、あるいは極論煙草《たばこ》の吸い殻1つ、怪しげなメモ用紙1枚といったものも、必要ならば**ケンショウ**することとなります。ここで、いわゆる身体検査も実は**ケンショウ**の1パターンです。ただしこれについては、権利義務の変動の度合いが大きいですから、検証令状でなく、身体検査令状という特別の**オフダ**が必要となるほか、女性の身体検査については特別のルールもあります。

なお、**ケンショウ**は**キョウセイ**ですから、やっていることは証拠保全という地味なものながら、強制捜査として一定の、なんというか「パワー」をも有します。例えば、**ケンショウ**の対象となった物について鍵を開けるとか、封を開くとか、特定の操作をするといった必要な処分が（強制的に）できますし、検証場所への立入禁止の措置をとることもできます（強制的に妨害が排除できる）。

ちなみに、例えば読者の方の御自宅が侵入盗の被害に遭《あ》ったときなど、警察官がやってきて、見取り図を描いたり写真撮影をしてゆくことがあると思いますが、それもある意味、この**ケンショウ**の1パターンです。ただこうしたときは、被害者さんの自発的な協力が期待できますし、妨害排除といったことをあまり考慮する必要がありません。よって強制捜査としての**ケンショウ**ではなく、全く同じ行為ではあるけれど任意捜査である「実況見分《じっきょうけんぶん》」が行われることになります（業界用語でいう**ケンブン**）。**ケンショウ**と**ケンブン**は一緒の行為ですが、**ケンブン**

は**ニンイ**なので**オフダ**がいらないことになります。

「検視」「検屍」「検死」

変死体が発見されたら

殺人事件は、報道でもフィクションでも大きなトピックです。そして殺人事件となると、あるいは異常な死体があると、当然、警察がいろいろ調べなければなりません。

ここで、実務的なことをいえば、いわゆる変死体が発見されると、警察官が必ず臨場することとなります。というのも例えば、「自殺なのか他殺なのか」「何故・どのようにお亡くなりになったのか」等を明らかにしなければならないからです。このようなとき、変死体を取り扱うのは私服の捜査員で、いわゆる捜査一課系統の刑事たちです（警察署では、刑事一課系統となります）。ゆえに変死体、業界用語でいう**マルヘン**が発見されたとなると、刑事部屋の刑事一課系統の刑事たちは、あの機動隊の出動服等に着換え、時として遺体搬送用のトラックを動員しつつ、現場に臨場することとなります。

そしてこの場合、御遺体と、もしおられれば御遺族に対して礼を失さないようお祈りなり黙《もく》禱《とう》なりをしてから、御遺体を裸にし、髪の毛の先から爪先まで、全身を、膨大《ぼうだい》な数のチェックポイント／チェックリストにしたがって（御遺体の外表はもちろんのこと、例えば目蓋《まぶた》の裏とか、喉の奥とか、鼻の中とか口とか、果ては性器・肛門にいたるまで）調査することになります。これは、どのような御遺体についてもそうで、例えば自宅介護の御老人がベッドの上でお亡くなりになったときも、竹藪《たけやぶ》で誰かが首吊りをしたときも、川で少年が溺死《できし》したときも、通勤中に脳溢血《のういっけつ》でバタリと即死してしまったときも、飛び下り・列車への飛び込みのときも、いわゆる練炭自殺のときも、駅のホームから転落し頭を打ってお亡くなりになってしまったときも、全て平等に、一律に行われます。ここで、性器・肛門まで視るというのは、例えば縊死《いし》・絞殺《こうさつ》のときは、いわゆる失禁・脱糞が認められることがあるからです。それ以外にも、性犯罪のときは必然的にチェックしなければならない箇所ですし……私自身、この仕事にしばらく従事したことがあるので、「死んだら警察に何を視られるか」を考えると、「他殺は防げないかも知れないが、自殺はするもんじゃない、死んでまでいろいろ品評されるのはゴメンだ」と思い、この世の多少の憂《う》さはどうにか我慢するようにしています……

死体見分・検視・検証

さてその文脈を使いますと、①私がこの世の憂さに耐えきれず、遺書を残して密室で首を吊ったとなると――一抹《いちまつ》の疑問が残るケースはありますが――まあ犯罪による死体とはいえない。あるいは衆人環視の中、自ら列車に飛び込んだとなると、これまた犯罪による死体にはなりません。しかしそれもまた、警察によるチェックを受けなければならないのは右に述べたとおりで、この場合の警察のチェックを「死体見分《けんぶん》」といいます。他方で、同じ例を用いれば、②開放された部屋で遺書もなく、ちょっとロープの結び目も怪しい感じで首吊り死体となっていたとなると、あるいは、誰も目撃できないまま、夜間、列車に激突して死んだとなると――それは「自殺なのか他殺なのか？」「犯罪があったのかなかったのか？」を、直ちに断言できない死体となります。この場合は、警察が行うチェックの中身は一緒ですが、そのチェックは死体見分ではなく「検視」となります（必ず「視」の文字を使います）。さらに、③私が誰かに絞殺されたのが明白であるとき、はたまた、誰かに突き飛ばされて列車にはねられたことが明白であるときは、これは「明らかに他殺」「明らかに犯罪」なのですから、またもや警察が行うチェックの中身は一緒ですが、もはや捜査手続に乗せるべきだということで、それが先に述べた「検証」（強制捜査でしたね）と位置付けられることもありますし、実務的にはやはり「検視」と位置付けられることもあります（明らかに犯罪によるのかどうかは、そうカンタンに断言できないケースも多いですし……）。

いずれにしても、警察が変死体に対して行うチェックは、仕事の中身としては一緒です。変死体は、明らかに犯罪によらないのであれば「死体見分」を行われ、そうでないのであれば「検視」「検証」を行われる。もちろん死体見分の結果、いよいよ「犯罪によるものである」と解明・断定されることも少なくなく、そのときはやはり「検視」等と位置付けられてゆきます。

警察にとって「検屍」「検死」はない

この死体見分あるいは検視については、「犯罪の見逃し」「誤った自殺認定」が大きな社会問題となりますので（例えば保険金殺人の場合など）、警察署の刑事一課系の刑事は、そもそも死体のスペシャリストであることが多いです。また、そうはいっても警察署だけに任せることをせず、誤認見分あるいは誤認検視を確実に防ぐため、警察本部に「検視班」が置かれているのが常です。これは捜査一課系の刑事のうち、死体のウルトラスペシャリスト集団といってよいでしょう。その長である「検視官」等は、変死体が発見されたとなると、現場が山奥村であろうと秘境湖であろうと、時刻が深夜2時であろうと、可能な限り警察本部から車を飛ばして自ら臨場し、警察署の刑事一課系の捜査員を指揮監督しながら、自分の目でも変死体を視ます。いちばん恐いのは、「真犯人がいるのに、誤認検視等によって捜査すら始まらない」ことですから。

さて、この警察が行う「検視」ですが、注意点が2つあります。

その1は、これは実は検察官の仕事であって、警察は飽くまでヘルプとして位置付けられていること。ただ、それは刑訴法のタテマエであって、検事センセイはこうした泥臭い仕事を自らなさることはないので（……などという意地悪な説明を避けると、それだけの人的余裕も専門教育もないため）、実際には、現場で実戦経験を積んだ、大学の法医学の先生顔負けの、検視官を始めとする捜査一課系の刑事がそのほとんどをこなします（「代行検視」。ただし代行検視がむしろ原則となっている）。

注意点の2は、警察にとって**ケンシ**は「検視」という仕事を意味し、「検死」「検屍」なる仕事は――その用語自体も――存在しないことです。だから例えば「検死官」はいません。我が国では、「検死」「検屍」を定義づける法令もありません。一般的には、それは、解剖・検案を中心とする、医師による死因の究明を指しているのだと思われますが、定義がないので、これは論者によります。ゆえに、警察フィクション、警察報道において、「検死」「検屍」が用いられることは、理論的にはないはずです（が、ままありますよね）。もちろん、海外に関する報道、あるいは翻訳もののフィクションなら、「検死」とか「検屍官」でも全く問題ありません――それが正しいのならば。というのも、我が国とは法令も制度も異なるからです。

「任意提出をお願いします」——任提と領置

ガサと任提の関係

任意提出とくれば、またもや**ニンイ**の話ですね。すなわち個人の権利義務を変動させない、個人の自由意思による協力に基づいて行われる活動／捜査の話です。そして、ここで取り扱う「任意提出」は、**ガサ**の話を踏まえていただくと、とても解りやすいものとなります。

すなわち**ガサ**——捜索（実際上はほとんどが捜索差押え。前述）とは、相手方が何を言おうと、強制的に相手方のモノを「捜し出して」「借りて」「しばらく借りたままにしておく」という強制捜査でしたが、この項の「任意提出」とは、**ガサ**の任意捜査版なのです。すなわち、モノを借りて、しばらく借りっぱなしにしておくことを、**キョウセイ**としてやるのが**ガサ**（正確には差押え）。**ニンイ**としてやるのが任意提出、**ニンテイ**です。

別に相手方が被疑者だからといって、あらゆるモノを強制捜査でぶんどってこなければならない理由はありません。自由意思で協力してくれるというのなら、むしろ公権力をむやみやたらに発動するのは避けるべきです。ゆえに、被疑者から証拠などを**ニンテイ**してもらうことはあります。そして、被疑者その人からも**ニンテイ**してもらえるのですから、例えば被害者であるとか、参考人であるとかいった「ワルクナイ」人々には、まずは**ニンテイ**をお願いすべきでしょう。被害者の家で**オフダ**をかざして玄関をこじ開け、タンスだの本棚だの金庫だのを引っ繰り返して、無理矢理何かを借りてくる——そうしたケースはまず想定できません。これは参考人についても同様です。被疑者が貸していた何かを借りてくる。被疑者に関係する書類を借りてくる。被疑者が使った何かを借りてくる……最近、この**ニンテイ**として非常に多いのは、防犯カメラ動画でしょうか。ほとんどが自発的に協力していただけるケースだと思いますし、逆に、いきなり**ガサフダ**を見せられて家中／店中を荒らされては、むしろ捜査に協力などしたくなくなるでしょう……

いわゆる「任提領置」

そんなわけで、捜査において、**ニンイ**であるところの**ニンテイ**は、実に頻繁《ひんぱん》に用いられます。手続としては——手続というほどのものはありませんが——「お預かりしていいでしょうか？」「どうぞお持ちください」となります。ただし、いくら**ニンイ**とはいえ、個人の財産を借り上げてくるのですから、そこは**ガサ**の場合と同様、キチンと、借りた物をリストアップした預り証をお渡ししなければなりません。「どうぞお持ちください」といった承諾が得られれば、警察官は専用の捜査書類を作成し、そうしたリストなり預り証なりを書いてあるいは打ち出して、持ち主の方に交付するはずです。そして、「ではお預かりしてゆきますので」と警察官が財産の借り上げを開始したとき、その借り上げを「領置《りょうち》」といいます（業界用語でも**リョウチ**です）。

これを要するに、**ニンテイ**と**リョウチ**はワンセットで、例えば古野某《ぼう》が自分のパソコンを警察官Aに預けるとすると、古野はパソコンの**ニンテイ**をしたことになり、警察官Aはパソコンを**リョウチ**をしたことになります。この構図を、強制捜査ヴァージョンである**ガサ**と比較すると――**ガサ**においては、古野の自発的な協力は一切必要ありませんので、「警察官Aがパソコンがどこにあるかを**ガサ**して、警察官Aがパソコンを差し押さえる」と、こういうかたちになります（任提↓領置。捜索↓差押え）。

ちなみに、例えば職務質問を受けたとき、自発的にバッグを差し出すのは**ニンテイ**ではありません。職質は捜査ではありませんし、だから任意捜査としての**ニンテイ**が出る幕はありませんし、何より大きな理由は、職質警察官はそのバッグをずっと借り受けるつもりがないからです（所持品検査に必要な時間が終われば、当然返すべきものですから）。

「取調べ」を受けるのは誰？

取調べの意味について考える

取調べというと、読者の方はまず、犯人というか被疑者の取調べを思い浮かべるでしょう。確かに取調べのうち、最も重要なのは被疑者の取調べです。

しかし、業界で「取調べ」といったとき、それは極めてニュートラルな、「インタビュー」に近い概念です。すなわち、被害者についても「取調べ」という言葉を使いますし、参考人（この世のあらゆる第三者）についても「取調べ」という言葉を使います。ちなみに業界用語では、取調べのことは素直に「取調べ」と言うか、あるいは調べ、**シラベ**。そして右記の事情から、この**シラベ**には被害者調べもあれば参考人調べもあります。そしていずれについても、取調べ室——調べ室、**シラベシツ**——が用いられて不思議はありません。

ここで、厳密にいえば、「取調べ」とは、①過去の特定のイベントについて記憶を有していると認められる人に対し、②適宜質問をするなどして、③その記憶を呼び起こしつつ供述を求め、④供述の信用性等を吟味《ぎんみ》しながら、⑤供述を調書等に記録し、⑥刑事裁判で有罪を確定させるための証拠にする——という捜査です。かなり堅い言葉を用いましたが、これを要するに、やはり「インタビュー」ですよね。ただそのインタビュー結果を、「捜査手続のプロが再編し、刑事裁判における証拠として活用できるように書面化する」というところに大きな特徴があるインタビューです（ただの一問一答ではない）。

捜査手続のプロが、インタビュー結果の「再編」なり「再構成」なりをしなければならないのは、そのインタビュー結果は単なる素材であって、そのままでは刑事裁判で使えないからです。すなわち供述は、そのままだと、刑事裁判で検察官がプレゼンをする資料としては、生の素材すぎるからです。それをある程度、刑法や刑訴法といった法令が求める用語なりスタイルなりに、整える必要が生じます――このあたりが、「作文調書」「捜査官の勝手な作文」といった批判を招く一因ですが、ただ、調書の内容は必ず取調べの相手方に読み聞かせて署名指印《しいん》等をもらわなければなりませんし、そもそも、一問一答なりICレコーダの録音起こしなりをそのまま延々読まされても、裁判官も裁判員も困ってしまうでしょう。すなわち、供述をする「一般人」と、裁判をする「法律家」とを橋渡しする、「通訳人」としての捜査官の存在／補助が、必要不可欠なのです。

取調べの課題とプロセス

もちろんこの世には、とんでもないド外道捜査官がいて、とんでもないでっち上げ調書、大嘘調書、デタラメ調書を作成した「前科」がありますから――警察官が学校で必ず習うことです――取調べをどう適正化してゆくかというのは、警察にとって永遠の課題です（ゆえに近時の改革において、例えば「取調べの録音・録画」制度が始まっています）。ただ我が国の法令は、例えば被疑者の内心の事情を証明することをたくさん要求していますので（例えば故意、特定の罪における動機・目的、殺人における殺意の程度、量刑のための情状など実にたくさん）、その意味でも「通訳人」「解析者」の存在は必要不可欠です。内心の事情は――要は心の中にだけあるものは、客観的に証明できるものではありませんから。その心の中の「ほんとうのところ」を、じっくりと、人間関係を構築しながら、常にその真偽を吟味しながら、解析して言語化してゆく必要があるわけです。

さて、**シラベ**を受けるのは被疑者に限りませんから、被害者の方も、参考人の人も、例えば警察署の刑事課に呼び出され……表現が悪ければ、来てくださいとお願いされ……調べ室の中で、捜査官と1対1か、あるいは1対1＋補助官で、たぶん刑事課併設の調べ室か応接個室の中で、インタビューを受けることになります。

もしインタビューを受けるのが被疑者ならば（被疑者**シラベ**）、逮捕されていれば留置場から調べ室に移動してきて、逮捕されていないのなら逮捕後あるいは任意同行後調べ室に入り、ドラマ等とほぼ同様のかたちで、「言いたくないことがあったら、無理に言わなくてもいい権利があるよ」という供述拒否権の告知を受けます（被害者や参考人には、この手続はありません。犯罪を犯したと疑われてはいない以上、自分の犯罪について自分に不利益な供述をするということが考えられないからです……まあ参考人については、時としてかなり微妙なケースがありますが）。

定番ネタ、カツ丼

ここで、取調べについては、場所的な制約がありませんから、被害者さんの家で被害者**シラベ**をするとか、参考人の人のオフィスで参考人**シラベ**をするとか、そうした「出張型」はナチュラルにありますし、被疑者**シラベ**であっても、例えば現場のパトカーの中とか、よその県の警察署の中とか、そうした「出前型」もナチュラルにあります。

なお、被疑者**シラベ**については、右記の録音・録画同様、様々な改革がなされています。例えば、調べ室において、①調べ官が被疑者の身体に接触したり、②有形力を行使したり（物を投げるとか、机を蹴るとか）、③脅迫めいたことを言ったり、④ずっと正座を強いたり、⑤いわゆるカツ丼を出したり（コーヒー1杯でも一緒ですが）、⑥「クソ、死ね、社会のクズ」といった尊厳を害する言葉をいったり……そうした不適正な行為は厳しく規制され、「取調べ監督官」によってチェックされ、懲戒処分・刑事処分の対象となることがハッキリ定められました（元々やってはダメだったのですが、考え方が整理され、明文の規則になりました）。また、被疑者シラベについては、ザクッと表現すれば「標準時間」が定められ、警察本部長の事前の承認をゲットしないかぎり、1日当たり8時間まで、時間帯は午前5時から午後10時まで——との基準が設けられました（この基準に従わないことも、やはり規制され、懲戒処分・刑事処分の対象になります）。

ここで、いわゆるカツ丼は、なんというか定番の論点なので、ちょっとだけコメントを加えると——何故カツ丼がダメなのかというと、それが供述を獲るための便宜供与になるか、便宜供与ととられてしまうからです。例えば、それが担当刑事による全くの善意からであっても（便宜供与の故意が全くないとしても）、被疑者の弁護人次第では、「あのとき特上のカツ丼が用意されたから、やってもいないことを／知ってもいないことを自白してしまったのだ」という抗弁をしてくることが予想されます。というか私が弁護人なら、そういう便宜供与をまず捜します。捜査側の失点を主張し、調書がデタラメであることを主張するために。これは、言い方はともかく、刑事訴訟というゲームのルール上、お互いに当然のこと。ならば、余計な論点を増やすような行為は、最初から全て禁止してしまえ——というのが時代の流れになりました。

私が刑事をやらせていただいていた頃は、調べ室で被疑者と一緒に喫煙をすること——私も相手からもらうし、相手も私から取ってゆくのがアタリマエでしたが（「キッツい煙草吸ってんなあオイ」「刑事さんのはそれ、外国の奴ですか?」みたいなやりとりがナチュラルにありました)、現代ではそんな行為は夢物語というか、懲戒処分を恐れなければならない行為となっています。煙草1本でも便宜供与ですし、そこに供述を獲《え》る目的があったかどうかは、全然関係ありませんから(まして今は、役所は庁舎内禁煙ですし)……

それゆえに、これを被疑者の側から見ると、煙草どころかお茶の一杯も飲ませてはもらえない、精々白湯《さゆ》か水しかもらえない(ローカルルールによっては、刑事課で共用の麦茶までならOK、みたいな話も聞きましたが……)という、まあお気の毒な、非人間的な現象も起きています。

ただこれも時代の流れというか、刑事訴訟のゲームのルールをぎりぎり詰めていった結果として、やむを得ないのでしょうね。

責任重大、「取調べ官」

被疑者の取調べは花形

実際にインタビューに当たる捜査官のことを、取調べ官といいます。業界用語ではシラベカ

ンです。

ここで、警察にはナントカ管理官とかナントカ対策官とか、「官」系のポスト／職名がたくさんありますが、取調べ官はそうした常設のポストではありません。飽くまで事件ごと、あるいは被疑者ごとに、まあ「任命」される、臨時の呼称です。

ちなみに「取調べ」は、被疑者でなくとも——被害者に対しても参考人に対しても——用いられるニュートラルな用語ですから（前述）、「取調べ官」もまたニュートラルな用語なのですが、しかし被害者・参考人については、取調べ官という言葉をそんなには聞きません（むろん、ないわけではありませんが）。業界で取調べ官、**シラベカン**といったときは、それは多くが「被疑者の取調べ官」のことです。これはまあ、慣例でしょう。

この慣例に、あえて理屈をつけるとすれば、①被疑者の取調べはかなりの長期に及ぶが（被疑者を逮捕したケースだと、標準的には23日弱）、被害者の取調べは、最初に幾許《いくばく》か長いのをやって、あとは必要に応じてその日その日に来てもらうか出張するかするので、被疑者ほど時間的に密着してはいないから、また、②参考人についてはもっと疎遠《そえん》で、極論1時間1本勝負ということもあり得るので、わざわざ担当者を「取調べ官!!」などと仰々しく位置付ける必要もないからだ——と考えられます（例えば同じ被害者、同じ参考人であっても、全然違う刑事が取調べをすることはナチュラルにありますから、その観点では、被害者・参考人の取調べ官には、一般論としては「専属性がない」ともいえます）。

さて、取調べ官が「被疑者の取調べ官」だとして、そこにはステイタスの存在があります。最も花形とみなされるのが、捜査本部事件の被疑者の——しかも主犯の**シラベカン**。捜査本部事件ともなると（シンプルにはドラマにおける殺人事件を想像していただければ大丈夫です）、警察本部の担当課の捜査員が大規模動員されますし、警察本部はそもそも（比較的）エリートが集まる「本社」「本店」ですから、取調べについても、かなりのベテランがごろごろしています。「落としの○○さん」「カチワリ○○」的な、二つ名が公認されているエースも少なくありません。その中で、捜査本部事件という重大事件の最大の証拠——すなわち被疑者の**シラベカン**に任じられるというのは、かなりの名誉です。報道がヒートアップしているような、あるいは10年に1度といったような記念碑的な事件だと、その**シラベカン**は、「ああ、あの人は古野を落とした人だ……」等々と、10年後20年後まで語り継がれます。共犯の**シラベカン**であっても、後々まで「まあ、自慢じゃないが、俺はあの事件で古野の弟を落とした男でな……」と、ぶっちゃけ自慢できる（もちろん結果が無罪事件となれば、自慢云々《うんぬん》どころか左遷《させん》でしょうが）。

それゆえ、捜査員の中には「我こそは調べ官に!!」という強い意気込みがありますし、管理職の側も、被疑者の性格・挙動《きょどう》・特徴といったものと、**シラベカン**候補複数の性格・経歴・実績といったものを慎重に検討して、誰を**シラベカン**に任ずるか決断をします。

このように、**シラベカン**は捜査員のあこがれで、重要事件の**シラベカン**ともなればまさに花形、千両役者なのですが、その名誉と表裏一体の、重い責任も負います。先に、「逮捕事件では23日弱のつきあい」という旨を述べましたが、逮捕事件についてはこうした時間的制約があるので、この時間的制約の中で、これはメディア用語でも業界用語でもある「完落ち」、**カンオチ**に持ってゆかなければならないからです。要は、言い方はともかく、被疑者と十分な人間関係・信頼関係を構築し、インタビューで語ってもらわなければならない項目すべてを聴き出し、調書化しなければならないのです。もちろん、通常はそれまで会ったこともない人間どうし。それが原則20日程度で、「犯罪」という、被疑者にとってはいちばん秘密にしたいことを「すべて共有」できる関係にならなければならない。もちろん被疑者の中には完全黙秘――業界用語でいう**カンモク**を貫く者もめずらしくありません。そうでなくても、いったい誰が自分の恥になること、不利になること、時として死刑にもされてしまうようなことを、初対面の相手に話したいと思うでしょうか? **シラベカン**はそれを、20日程度で、必ずやり遂げなければなりません。さもなくば事件が立たず(被疑者は最大の証拠ですから)、検察官は不起訴とし、それまでのあらゆる捜査資源が無駄になるほか、犯人を処罰できないことになりますから……ゆえにメディアが沸騰《ふっとう》する、保険金殺人だの毒殺だの通り魔だののシラベカンは、激しい胃痛と脱毛症に悩まされることになります。

日常発生する事件の「取調べ官」

他方で、そうした捜査本部事件の取調べ官でなくともシラベカンはいます。例えば、警察署で窃盗なり強制わいせつなり放火なり詐欺なりを扱うとき。捜査本部が立たなくとも、もちろん被疑者の取調べをしなければなりませんが（その前に被疑者を確保しなければなりませんが）、その被疑者シラベを担当する刑事も、シラベカンと呼ばれます。ただ、捜査本部事件等の場合と異なり、これはわざわざ任命されるというよりは、ずっとその事件を担当していたり、あるいはいきなり発生したその事件の担当を命ぜられた捜査員が、いわゆる「担当さん」「担当刑事」として、そのまま取調べ官も務めるというケースが大半です。この場合、例えば事案が強制わいせつなら、必要な実況見分、検証、捜索差押え、任提領置、通常逮捕等々……のあらゆる捜査をこなしながら、更にシラベカンをも務めるというイメージです（捜査本部事件の場合はそれと違い、分業制です）。もちろん被疑者をカンオチさせなければならないというプレッシャーはありますが、日々発生する身近な事件の担当なので、幾つも幾つも抱えているのが常ですし、1つ1つが実務的にそんなに難しいわけではありません（それほど難しければ、むしろ警察本部が出張ってくる）。ゆえに、警察署の**シラベカン**となると、名誉というより、「ああ、幾つも事件を抱えているのに大変だなあ……」という感慨を、周囲が覚えるでしょう。

もちろん、「本社」である警察本部と「支店」である警察署の間では、頻繁《ひんぱん》に人事異動がありますので（それはそうです、同じ会社ですから）、捜査本部事件の**シラベカン**を幾つも務めたエースが、人事異動のルールにしたがって、警察署の捜査員ポストに就くということはナチュラルにあります。逆もまた然《しか》りで、警察署の捜査員でキラリと光る逸材《いつざい》は、警察本部に引き抜かれ、やがては捜査本部事件の**シラベカン**をも務める可能性があります。

「送致」「送検」「書類送検」

やはりメディア用語の代表例

これも、メディア用語と業界用語が微妙に異なっている例です。

業界用語では――というか法令用語でも一緒ですが――「送検」「書類送検」は用いません。

これは、「容疑者」のように、用いることもあるが普通は用いないというレベルではなく、「重要参考人」「検死」のように、絶対に使わないレベルです。警察官の脳内辞書にありません。警察官の脳内辞書に登録されているのは「送致」、**ソウチ**だけです。

ただ、意味としては「送検」「書類送検」はとても解りやすいと思います。その意味で、例えば創作物等でリアリティの万全を期す必要があるなら別論、一般社会ではあまり目くじらを立てるべき用語でもありません。というのも、業界用語でいう**ソウチ**とは結局、検察官に送ることだからです。

何故、検察官に送る必要があるかというと、警察と検察は別の会社だからです。そして、警察は「捜査」ができますが、事件の「起訴」なり「公判の維持」なり——要は刑事裁判における各種の仕事は全くできません（権限がありません）。刑事裁判における各種の仕事は、刑事裁判の当事者・刑事裁判のプレイヤーである、検察官がやることです。警察は、刑事裁判のための証拠を集めますが（捜査）、刑事裁判のプレイヤーそのものではありません。よって、警察が捜査した事件については、「捜査できましたんで（証拠を集め終えましたんで）、ひとつ起訴をお願いします」といったかたちで、検察官にバトンタッチする必要が生じるのです。このバトンタッチのことを全て**ソウチ**といいます。事件を検察官の手に移す手続が、**ソウチ**です。

「書類」も「人」も「事件」も送る

よって、**ソウチ**の対象は――警察が検察官にバトンタッチするそのバトンは――まず「事件そのもの」であり（例えば、古野某を被疑者とする窃盗事件そのもの）、それはつまり関係書類と関係証拠であり（古野某について作成した捜査書類や、古野某について収集した証拠物）、また、逮捕しているのであれば＝身柄を獲《と》っているのであれば被疑者そのもの（古野某本人）でもあります。要は、前述のとおり、まさに「事件を送る」のです。

ここで、メディアの「書類送検」という言葉と**ソウチ**の関係を考えると――「書類送検」とは、身柄を獲っていない事件（在宅事件）についての**ソウチ**だといえます。ここで別段、「あらゆる事件の被疑者を逮捕しなければならない」というルールはありませんので、世の中には、逮捕されないまま起訴等される被疑者も多いわけです。この場合、捜査手続の流れを細かく見れば、①まず警察による捜査があって、②そこで被疑者を逮捕しないことが決まり、③そのまま証拠の収集を終え、④いよいよ刑事裁判に勝てるだけのレベルになったので、⑤身柄を獲らないまま事件を**ソウチ**した――と、こういう流れになります。なるほど、この種の**ソウチ**を「書類送検」というのは、これまた意味としては解りやすいですね。要は「身柄事件じゃない」ということを端的《たんてき》に表現しているわけですから。ただし、野暮《やぼ》な注釈を入れれば、やはり送られるのは「事件」であることと、送られるのは書類だけでなく「証拠物」も含まれることが指摘できます。いずれにしろ、身柄事件であれ在宅事件であれ、警察官としてはどちらも**ソウチ**

するだけです。

ちなみに、刑訴法は古い法律なので、用語の整合性なり平仄《ひょうそく》なりが合っていないことがあります。例えば刑訴法は「送付」という用語も使いますが（告訴・告発・自首事件のバトンタッチのときに使っている）、これは「送致」と全く同じ意味とされます。古い法律では、こういうことがまま生じます。

第2章 登場人物が分かる

——警察関係者を示す言葉

いちばん有名？「管理官」

警察にあふれる「ナントカ官」の代表選手

警察ドラマの歴史的転換点ともいえる、『踊る大捜査線』。これに登場する「室井《むろい》管理官」によって、**カンリカン**なる職名は一気に有名になりました。その後も、数多くの警察エンタメで使用されているのではないでしょうか。そもそも、名称が「いかにも」でカッコいいですしね。

さて警察には、これでもかというほどの「ナントカ官」がいます。管理官、企画官、会務官、理事官、参事官、監察官、調査官、指導官……警察関係者でないと、いったいどのような階級の警察官が、どのような仕事をしているのか、まず解りません。といって、実はその「意味不明さ」は、それぞれの都道府県警察相互でも一緒でして……要は「ナントカ官」についてはかなりローカルルールが強く、極論、47都道府県警察のそれぞれがそれぞれで全然違った位置付けをしているといっても過言ではありません（警察は、警察庁を別とすれば、47の独立した会社からなる組織ですから、それぞれがそれぞれの組織づくりをして何ら問題ないわけです——法令に違反しなければ、ですが）。

ゆえに、「管理官」とはいったいどのようなランクの／ポジションの「官」なのか、統一ルールを示すことはそもそもできないのですが……「最大公約数」みたいなものは、イメージとして御説明することができます。まず「管理官」というのは、たいていは警察本部の（東京なら警視庁の）各課各室に置かれるポストです。その階級は、まず警視です。そして警視のうち、警察本部の課長／警察署長（これらは同格です）にはまだ達していない位置付けの警察官が、この「管理官」ポストに就きます。

専門分野の元締め警視

これをもう少し詳しく見ると――まず、警察本部の課長／警察署長のことを「所属長」といいまして、この所属長は警視正又は警視です。すなわち警察には「所属長警視」という概念があります（本部の課長／署長）。ゆえに、警視には「所属長警視」と、「そうでない警視」がいることになります。そして両者の間には、見えない階級があるというか、1階級違うといってよいほどの差があります……それはそうです、本部の課のトップなり、警察署のトップとなれば、よい意味でやりたいことができますから。裏から言えば、警視には、これからまた頑張って「所属長警視」になるべき人がたくさんいる、ということにもなります。この、いわば無印警視、これから所属長警視になるべき警視が就くのが、「管理官」「指導官」「企画官」「対策官」といった、ナントカ官系ポストです。

そのうち「管理官」についていえば、これは、警察本部のどこかの課に置かれている警視であることがほとんどですから、課長の下、警部の上という位置付け。ところが、警察は警部からが管理職ですから、管理官はいくら無印警視だといっても、もうベテランの管理職で、かなりエライです。課長の下であることは、無印警視なので当然ですが、他の課員のほとんどよりエライ。都道府県によっては、あるいは所属によっては、課のナンバー・ツーである次席よりエライか、次席と同格であることがあります。もちろん、ナンバー・ツーよりエライというのは職制上おかしいので、課長‐次席‐管理官、というかたちで、ナンバー・スリーとなっているのがより標準的で、キレイではあります。また、課長なり次席なりは1人しかいませんが、所属によっては、管理官が複数置かれているところもあります。

実務的には、課長は全体の指揮官、次席は庶務的なとりまとめ／査定官というニュアンスが強いので、実働部隊を指揮したり、特定の専門分野を監督したりするのがこの「管理官」となります。次席も、管理官の縄張りについてはうるさく口を挟まないのが一般です（もちろん、キャラクタと人間関係によりますが……）。

なお、国の組織である警察庁にも無数にいる「ナントカ官」系は、①警察庁の課長と同格か、②その課長よりやや下、理事官（都道府県の次席に対応）よりやや上——といった感じで置かれます。

通好みの「巡査長」

警察トリビアの定番

前項ではいきなり警視の解説をしてしまいましたので、ここで（「そんなの知ってるよ」とお怒りを買いそうですが）警察の階級を整理しておきます。これは上から

警視総監-警視監-警視長-警視正-警視-警部-警部補-巡査部長-巡査

の9階級があります。そして、階級章のデザインから分かるのですが、「警視監-警視長-警視正」が地金までキンキラのジェネラル、「警視-警部-警部補」が一部キンキラの士官、「巡査部長-巡査」が銀メインの下士官兵と分けられます。

すると、説明がないのですぐに疑問に思われたかも知れませんが――①「警視総監」は他項で述べるとおり連合艦隊司令長官みたいなもので完全別格（そもそも日本に1人だけです）、そして、②下士官兵に相当するのが2階級だけでちょっとバランスが悪いですね。ここで、ネットで警察官の階級章を引いていただくと分かりますが、階級章のデザイン上、実は下士官兵のところにもう1つ職名が入ります。すなわち

巡査部長-巡査長-巡査

が、デザイン上統一された階級章を持ち、その意味で1つの職団を形成しています。この「巡査長」を入れると、将官が3、士官が3、下士官兵が3で、なるほどバランスはいい。

ところがこの「巡査長」は、階級そのものではありません。この論点は、警察通の方が必ず指摘するメジャーなものです。ゆえにこの本でも項目を起こしました。

舌を噛《か》みそうな「ジュンサチョウジュンサ」

ここで、「階級ではない」ということは、アタリマエですが、「巡査長」という階級を与えられた警察官はいない、ということです。それなら「巡査長」の階級章を与えられている「巡査長」とはいったい何者か——というと、それは正確に言うなら「巡査長巡査」という警察官です。すなわち巡査長は全て巡査です。言い換えれば、巡査長というのは、一定の巡査に与えられる、まあ名誉称号であって、それが与えられたからといって、その人が巡査から昇任したわけではありません。ですのでそもそも「階級章」があるというのが謎なのですが……まあそれをいったら、他項で述べる「警察庁長官」にも、階級がないのに階級章めいたものがあるので、あまり「設定」にこだわる必要はないのかも知れません。なお業界用語では、巡査長は**サチョウ**です。

さて、ならば巡査はいつ「巡査長」の名誉称号がもらえるのかというと——大卒警察官の場合は勤続2年で、短大卒警察官の場合は勤続4年で、高卒警察官の場合は勤続6年でもらえるのが一般ルールです。ただ他に「指導力がある」という（かなり抽象的な）要件を満たす必要があり、そこに運用の問題が出てくる可能性はあります。もちろん階級でない以上、昇任試験というものはありません。ちなみに、勤続年数を満たさない巡査でも、「勤務成績優秀」＋「優れた指導力」という要件を満たせば、やはり巡査長の称号がもらえます。いずれにしろ、繰り返しになりますが、それは、「巡査」がその1類型である「巡査長巡査」になれる――という意味です。

実務上は、ある人が巡査であるか巡査長であるかは、ほとんど意識されません。巡査と巡査長とで、権限というか、やれることは全然変わりませんし、巡査にとって最大の、かつ喫緊《きっきん》の課題は「巡査部長試験に合格すること」ですから。巡査であれ巡査長巡査であれ、階級を1つ上げて巡査部長にならなければ、例えばお給料がよくなるということもないし、部下を持つということもありません。そして巡査部長試験は、少なくとも受験する側にとっては難関と言え、一発合格というのはかなりレアです。それゆえ、巡査長のまま――正確には巡査長巡査のまま――かなりの年数を過ごす警察官も、めずらしくはありません。

「警部補」古畑任三郎はどれくらい偉い？

警部補は職制だと「係長」相当

古畑任三郎《ふるはたにんざぶろう》というと、私は桃井かおりさんのＤＪの奴が大好きなのですが（そもそも古畑シリーズのアレンジ元である『刑事コロンボ』ならば、『アリバイのダイヤル』『断たれた音』が好きです）、古畑任三郎はドラマのタイトルどおり「警部補」です。これには、三谷幸喜《みたにこうき》さんのこだわりを感じます。というのも、ＮＨＫはコロンボの lieutenant という階級を「警部」と訳しましたが、これは位置付けからして、「警部補」と訳すべきだからです。我が国の英語版警察白書等でも、警部補はルーテナントとなっているはずです。

さて、古畑任三郎はかなり腰軽く、自転車で独り犯行現場に臨場し、あるいは独り被疑者の下を訪れ、あれこれ粘着しますが、これは「警部補」という階級からしてどうなのか。より一般化すれば、日本において、「警部補」というのはどういう階級なのか――

ここで、警部補は、既にお示ししたとおり、「警視‐警部‐警部補」という士官の職団を構成する階級です。階級章も一部、キンキラになります。ちなみにキャリアが最初に与えられる階級でもあります（このあたり、防大を出たばかりの自衛官とほぼ一緒なのではないでしょうか。lieutenant は少尉という階級をも意味しますから）。ただ警部補は、士官の末席で、もちろん管理職ではありません。警察における管理職は、警部から始まります。ゆえに警部補とは、「実働レベルの長であって、まだ管理職になっていない警察官」の階級といえます。ちなみに業界用語では、その職制から、**カカリチョウ**と呼ばれます。これは本社である警察本部においても、支店である警察署においても変わりません。あるいは例えば、駐在所勤務で、係は自分1人しかいないとしても、警部補であれば**カカリチョウ**です。

非管理職・実働部隊の長

この警部補が「実働レベルの長」だというのは、「巡査部長と巡査を部下にしている」「そのチームを指揮監督している」という意味です（実際、例えば交番の最上位者は、特殊な場合を除き警部補です）。そして「まだ管理職になっていない」というのは、「部下を査定する立場にはない」「庶務的なデスクワークは極めて少ない」「警察署では課長未満である」——といったことを意味します。こう書くと、あまり偉くない感じもしますが、実務上は、警察署の仕事なり売上なりを左右するのは警部補である——といってよいほど重要な階級です。警部となると、もう警察署では課長ですから、管理仕事というか、庶務的なデスクワークも多くなり（イメージとしてはExcelと格闘する時間が増えるみたいな感じです）、どれだけ現場が大好きでも、かなりの時間、警察署の課長卓に座っていなければならない。他方で、警部補はといえば、そうした管理仕事とはほぼ無縁ですから、同じ下士官兵である巡査部長・巡査とつるんで、自分の好きな職人仕事をひたすら追求することもできます（とりわけ、古参の刑事が警部補だと、仙人かガキ大将のような影響力を発揮します）。「することもできる」と書いたのは、例えば刑事と交番所長とは全然違うからです。何でも屋の出張所である交番だと、その所長は、好きなことを追求できる仙人・ガキ大将ではいられません。むしろコンビニの店長よろしく、胃の痛くなるような実働＋勤務管理に追われます……

このとおり、警部補は、管理職でない警察官の中での最上位者ですから、特定の実働部隊を率い、いろいろな捜査なりオペレーションなりを現場指揮する立場にあります。実際に事件を処理したり、事案に触れたりするのは警部補以下で、それゆえに「マイスター」「達人」が多い階級でもあります。警察本部における重要なオペレーションともなると、その成否は、実質的に警部補の双肩に掛かってしまうこともあります。ところが、いったん「マイスター」「達人」がひねくれてしまうと、ベテランゆえになかなか手の付けられない問題を引き起こします。たとえ警部といえど、なかなか直言《ちょくげん》はしにくい相手だからです……

というわけで、よい意味でも悪い意味でも、警部補というのはクセのある階級だといえるでしょう。そう考えると、また、実働員としての位置付けを踏まえると、古畑任三郎の言動・キャラは全然突飛ではありません。上司の決裁を全くとらないことと、部下を全く信用していないことは（部下に仕事を処理させせようとしない!!）、組織人としてどうかと思いますが……それは捜査書類を全く作成しないのと同様、ファンタジーとして割り切るべきでしょう。

十津川《とつがわ》、銭形《ぜにがた》……「警部」くらべ

実務者から管理者へ

既に述べたとおり、警部は最初の管理職です。階級章的には、警部補と一緒の士官ランクとなりますが、警部補と警部の間には、深くてそこそこ越えがたい川が流れています。警部ともなれば、実働部隊を幾つも束ねる立場ですし、いよいよ増えてくるデスクワークを——お役所仕事を確実にこなして、組織を上手く回すことを考えなければなりません。

さて警察では基本、どの階級に上がるのにも昇任試験が必要ですが——警視正以上は別——だから巡査部長試験、警部補試験、警部試験と上がってこなければ警部にはなれないのですが、特に「警部試験に合格した」ということは、それまでの昇任とはまるで違った意味を持ちます。

組織管理者として、ヒト・モノ・カネを取り扱わなければならなくなるからです。ちなみに通常逮捕における逮捕状を請求できるのも、警部以上の警察官という決まりになっています（「それだけ捜査実務にも通じているだろう」という判断を前提としています）。

このような意味合いから、警部に昇任したときは／するときは、必ず東京の「警察大学校」に入校し——全寮制ですから入寮でもありますが——3か月の集中トレーニングを受講することになりますし、そこで全国順位を付けられ、それは今後の警察人生にくっついて回ります。ちなみに警部補以下だと、東京での懲役3か月というトレーニングはまさかありません。

この「警部」は、警察本部では課長補佐という位置付け、警察署では課長あるいは課長代理という位置付けです。ゆえにまず、階級そのものを業界用語で**ブ**といい、警察本部にいるなら大抵は**ホサ**と呼ばれ、警察署にいるなら**カチョウ**あるいは**ダイリ**と呼ばれます。警察署においての位置付けの違いは、大規模県か中小規模県かの違いによりますし、あるいは大規模署か中小規模署かの違いによります。規模が大きければ大きいほど、警察署の課員も増えますので、「課長代理」というポジションに就くこととなり、警視である課長の指揮を受けることになります。逆に、規模が小さくなるにつれ、自ら警部である「課長」として、より大きな裁量を持って仕事をすることになります。いずれにしろ、警察はお給料もステイタスも階級で考えますので、同じ警部であれば、A県の課長代理とB県の課長の位置付け・取扱いは全く一緒です

（もちろんA県内でも一緒です）。

署の警部、本部の警部、捜本の警部

いよいよ警察署の課長ともなると、署長の指揮を受けつつ、自ら主体的にいろいろ企画立案して、捜査でも行政事務でも、まあ、「売上」を上げてゆかなければなりません。裏から言えば、署長から一定の捜査なり行政事務なりを委ねられていますから、現場指揮官としてのやり甲斐はかなりあるでしょう。もちろん前述のとおり、「ベテラン」「達人」「仙人」「ガキ大将」といった感じになりがちな警部補をどう使いこなすか、が大問題となりますが。

他方で、警察本部の課長補佐となると、より現場性が少なくなり、より役所性が強くなります。本社の担当警部として、全ての支店の動向なり売上なりを把握し、管理してゆかなければならないからです（捜査一課の各班のような、事件特化型のユニットでは全く別です）。ゆえに、警察署を指導するとか、叱咤激励《しったげきれい》するとか、調整するとか、あるいは哀願するといった局面も増えますし、なにぶん本社の担当警部ですから、いきなり役員である警視正に呼びつけられて怒鳴られる――なんてこともナチュラルにあります。

さて、警部といえばベストセラーの『十津川シリーズ』の十津川警部ですが（いにしえの土曜ワイド劇場はよかったですね……『白鳥』での愛川欽也《あいかわきんや》さんとか、『銀河』での加賀まりこさんとか)、日本警察の警部としてはどんなもんかな、と改めて考えると、もう、この人は警視総監とかの特命を受けて、なんでもありの捜査をするスーパー警部だと考えざるを得ません。というのも、ドラマに採用されるような殺人事件なら、まず捜査本部が立つでしょうし、警部ともなれば、捜査本部の「捜査主任官」として——いわば大ボスとして——デンと捜査本部に座っていなければならない立場ですから(まあ、捜査主任官が警部だとは限りませんが)。すなわち、一般論としては、警部は、自分で捜査本部から出撃して足で稼いでくるというよりは、多数のチームを指揮して出撃させ、足で稼がせた結果の報告を受け、今後の捜査方針を決めてゆくのが役割です。鵜飼《うかい》いの側であって、鵜ではあり得ません。十津川警部のようにああも頻繁《ぱんぱん》に全国出張で捜査本部を空けられては、捜査本部の庶務係長は悲歎《ひたん》のあまり退職願を出してしまうかも知れませんし(何の決裁もしてもらえない)、事件管理のため訪れた担当管理官(警視)は「何で主任官がいつもいないんだ‼ 犯罪捜査規範《ハンザイソウサキハン》知ってるのか‼」と激怒するでしょう……

銭形のリアリティ——警部の出向

あと、「警部」とくれば銭形警部に触れないわけにはゆきません。ここで私はずっと、銭形警部というのは「埼玉県警察小鹿野《おがの》警察署の警部さんで、ICPOに出向している」と思い込んでいたのですが（埼玉県警察でそう教わったのです……）、実際の設定は「警視庁警部で、埼玉県警察に出向歴がある」とのこと。いずれにしても、ICPOに出向するというのは設定としてアリです。志願制ですが、警部は大使館その他の在外公館に出向することがありますので。また、警部の例は知りませんが、A県警察のノンキャリア警察官がB県警察に派遣され、長期の勤務をすることはあります。実際にそのような方に出会いました。このように、設定は意外にリアルでちょっとビックリしますが、ところがそもそもICPOそのものに捜査権などないので、そこは苦しい（むろん強制捜査としての逮捕もできませんしガサもできません）……ただこれもまた、警察通の方にとってお馴染《なじ》みのツッコミなので、野暮ですね。

査問はしません、監察官

いわゆる「警察の警察」

警察には「ナントカ官」系がたくさんいますが、「監察官」は少し毛並みが違うというか、少し真っ当というか……他の「管理官」「調査官」「対策官」「指導官」とは微妙に位置付けが異なります。

すなわち、「ナントカ官」系は都市防犯対策官とか、性的搾取《さくしゅ》対策官とか、官民連携推進官とか、DNA型鑑定指導官とか、犯罪組織情報官とか、犯罪収益情報官とか、交通安全企画官とか、公安対策企画官とか……これは警察庁の例を一部だけ引きましたが、要は政策なり専門分野なりの元締めとして、いかにもそれっぽい名前を決められて置かれるのですが――「監察官」はそうではありません。

「監察官」は、ナントカ監察官といったものではなく、裸の「監察官」。また政策なり専門分野なりに応じて置かれるというものではなく、どの都道府県警察でも――あるいは警察庁でも――ナチュラルに必ず置かれます。都道府県警察であれば、警察本部にそのものズバリの監察課、監察官室、あるいは監察室という所属があり（警察署にはありません）、そこに必ず「監察官」が複数名置かれます（ちなみに警視庁では人事第一課に、警察庁では人事課に置かれますが、これは組織づくりの経緯によるもので、所属の違いに大きな意味はありません）。

さてこの「監察官」、警察ドラマ等でもしばしば登場しますが、役割としてはいわば「警察の警察」です。警察は例えば捜査という強大な権限を有していますが、それならば警察組織が、あるいは警察官が罪を犯したとき誰がどう捜査するのかという問題が生じます。また、犯罪とはゆかないまでも、警察組織が、あるいは警察官がパワハラ、セクハラ、サボり、不倫といった非違《ひい》行為（シンプルにいえばワルイコト）をしたとき、誰がどう調査するのかという問題も生じます。なるほど、警察の捜査については、「起訴できるかチェックする」「刑事裁判で勝てるかどうかチェックする（例えば、負けてしまうようなとんでもないことをやらかしていないかチェックする）」というかたちで検察官の一定の調整が入りますが、あるいは検察官自身もまた警察と並ぶ捜査機関ですが、といって検察官は、警察の組織・活動にとりわけ詳しいというわけでもありません。同じ捜査機関といっても、文化なりメンタリティなり制度なりがまるで違います。また、警察と検察はどちらが上という関係になく、対等です。

軍法会議みたいなことはしない

そうすると、警察組織の／警察官の犯罪を捜査したり、非違行為を調査するには、警察の内部事情に詳しく、警察実務について明るく、警察内において強い力を行使できる者にそれを委ねるのが実際的です。これを要するに、警察というのは非常に特殊な組織で、捜査その他の特殊な活動を行うので、それに関連したワルイコトについては、組織についても活動についてもかなりの知識経験を有する内部の者が捜査・調査するのが合理的だ――ということです（なお警察はそもそも、第三者機関ともいえる常設の「公安委員会」による管理を、いつも受けています）。

そんなわけで、警察の内部に、「警察の警察」が置かれる。それが監察課なり監察官室なり監察室なりで、具体的に捜査・調査を行うのが監察官だ、ということになります。

運用の実際としては、たいてい警視の階級にある警察官（所属長でない警視――前出の「管理官」と同じですね）が「監察官」ポストに就きます。そして警部の階級にある、監察官補佐といった職名の警察官とともに、まさに警察署の刑事がいくつも事件を抱える感じで、警察官によるワルイコトを、ワルイコトずつ担当します。それが犯罪の捜査となるにしろ、そうでない非違行為の調査となるにしろ、そこには捜査センスが必要となってきますので、「事件に強い」警察官が監察官となるのが一般的です。他方で、情報管理能力（要は口の堅さ）・調査能力（要はストーキング力）といった観点から、公安部門の警察官が就任することも少なくありません。監察官は1人だけではないので、いろいろな警視が存在するわけです。ただ、例えば捜査一課が殺人を捜査するときのように、たくさんのマンパワーを動員できるわけではないので、いよいよ事件として立てる、警察官を被疑者として立件するとなると、実際にその事件を担当する現業部門とタッグを組んで――あるいはその応援・協力を得て、捜査を進めてゆくことになります。

警察ドラマ等では、厳粛《げんしゅく》な法廷みたいなところで、組織内の陰謀に陥《おとし》れられた無実の警察官や、逆に陰謀を暴こうとして失敗した正義の警察官が、監察官たちにギリギリ、ネチネチと締め上げられイビられる「査問《さもん》」なるものが描かれることがありますが、これはフィクションで、警察には（だから監察にも）「査問」という概念・仕事はありませんし、カッコいい裁判所みたいなイジメ施設も存在しません。これは、軍法会議のようなイメージから来ているのかもしれませんが、実際の監察官なり監察業務はもっと地味で地道な、コツコツとしたものです。様々なオペレーションを抱えていることは間違いありませんが、右のとおり、監察官1人では数的に捜査も調査も困難なので（まあ万引き警察官1人の捜査・調査ならどうということはありませんが……）、現業部門に頭を下げ、諸々《もろもろ》の調整を図って、粛々《しゅくしゅく》と／淡々《たんたん》と監察業務を行うのがノーマルなケースです。ゆえに、監察官には人格者が起用されることが多いのですが、警察の都市伝説としては、「監察官になるのは超カタブツか、自分自身が不祥事を起こしそうな奴だ」というものがあります。

警察で「部長!!」といったら……

マンガにも出てくる定番ネタ

警察を、あるいは警察官を解りにくくしている要因の1つに、「職制」と「階級」の存在が挙げられます。また、この2つがほぼリンクしていることも話を見えにくくします。既に一部述べましたが、例えば「警部補」という階級は、普通の役所や企業でいうところの「係長」になります。これはオートマチックにそうなります。他方で、「警視」という階級は、普通の役所や企業でいうところの「支店長」（署長）でもあれば、「課長」（警察本部の課長）でもあり、また人によっては、もう御説明した管理官だの監察官だのになることもある……

ここで、警察ネタとしてややおもしろいのは、「部長」です。

普通の企業で「部長」といえば、もう役員間近で、かなり偉い人でしょう。

それは実は警察でも変わらないこともあります。すなわち、警察にも偉い部長はいます。それは、都道府県警察でいうなら、警察本部の部長です。警察本部の総務部長・警務部長・生活安全部長・地域部長・刑事部長・交通部長・警備部長といった「部長」は、なるほど警察の役員級で、それぞれの部門の長《おさ》です。警察では、警部以上が管理職であるということは御説明しましたが、この「部長」ともなれば、管理職の中でも最上位で、その階級も、役員級たる「警視正」ですから。これはまさに、一般企業の「部長」のような、あるいはそれ以上のイメージでよい役職です。なお、国の組織である警察庁にも部長はいまして、これもまた局長と並んで偉い役員級です（階級は「警視監」）。

ところが、警察で「部長」といったとき、これら役員級とは全く違った人々を指すことがあります。すなわち、誰かが「古野部長ちょっとすみません」と言ったとき、この古野は役員級でも警視正でもない可能性があります。というのも警察では、「巡査部長」のことを業界用語で**ブチョウ**と呼ぶからです。職制としては、警部補＝**カカリチョウ**の下なので、主任＝**シュニン**とか班長＝**ハンチョウ**と呼ぶこともありますが――業界用語としても法令用語としてもスタンダード――ここで「班長」にあっては、ローカルルールによっては必ずしも巡査部長を意味しないことがあるので（例えば巡査長のことを班長と呼ぶことがあります）、混乱を避けるため か、**ブチョウ**／**シュニン**と呼ぶ方が多数派だと思います。それゆえ、「古野部長ちょっとすみません」「古野部長、電話です」と言ったとき、古野は警視正ではなく、巡査部長である可能性も強いのです。まあ、言葉には文脈と状況がありますから、役員級と主任なり班長なりを取り違えることは、業界ではまずあり得ないのですが……ただ一般の方にとっては、「部長」となるとかなりの役職者だというイメージがありますから、実は古野が巡査部長だったとなると、そこに、時にコミカルな誤解が生じたりします。

「ブチョウ」以外の階級の略称は？

巡査部長について御紹介したので、ここで既に出た分も含めてまとめておくと、飽くまでも階級についていえば（職制の呼称を無視すれば）、警部は業界用語で**ブ**、警部補は**ホ**、巡査部長は**ブチョウ**、巡査長は**サチョウ**、巡査は**サ**です。ちなみに警視は**シ**、警視正は**マサ**です。ここまでが現場でよく用いる略称（?）です――警視長以上となると、現場で口に出す頻度《ひんど》がグッと減りますから。

ちなみに「警視長」は、東京都警察との混同を避けるために**ケイシナガ**と呼ぶこともありますが、**ケイシナガ**は右に御紹介したそれ以外の呼称ほどこなれてはいないし、一般的でもないと思います。

あと、これらは「三人称」「階級そのものの略称」というか……そのまま相手に付ける言葉とは限りません。古野巡査部長を呼ぶときは「古野部長!!」で全く問題ありませんし、古野巡査長を呼ぶときは「古野査長!!」で全く問題ないのですが、「古野サ」「古野ブ」「古野シ」「古野マサ」とは用いません。古野巡査ならもう「古野!!」か「古野係員!!」。古野警部・古野警視・古野警視正なら、それぞれの職名を付けるのが二人称となります。階級で呼ぶのか、略称で呼ぶのか、職名で呼ぶのか……ほとんどは業界文化と歴史的経緯によるので、解りにくいですね。

殿上人《てんじょうびと》「警察庁長官」「警視総監」

ノンキャリアの昇任、キャリアの昇任

都道府県警察に採用された、いわゆるノンキャリア警察官が、同期のエースとして、トップスピードで昇任して、最終的に狙えるのは「警視長」です。といっても、中小規模県になると、東京から来るキャリアの天下り社長がその警視長になってしまいますから、それらの県だと実際上は「警視正」が最上位です。

とはいえ、既に若干述べたとおり、ノンキャリア警視正は役員級で、部長クラス。やたら偉いです。功成《こうな》り名《な》を遂《と》げた、といってもよいでしょう。まして警視長ともなると、ノンキャリアの最終勝者で、役員の中でも特に実績・人格によって「選ばれし者」ということになります。都道府県の現場において、ノンキャリア警視正は、「部長クラス」ゆえそれなりの数がいますが、ノンキャリア警視長となると、まず1人でしょう。

以上は、都道府県警察の現場の話、ノンキャリア警察官の話です。

これが、キャリアの場合はどうなるかというと――キャリアは警部補から始めて、警視監で終わるのが原則です。警視監というのは、もうジェネラルで、警察庁の役員クラス。局長、部長、審議官……といった職が務まります。ここで、ノンキャリア警察官の場合、階級を上げるには（少なくとも警視にまでなるには）、全ての階級について、厳しい昇任試験を受けなければなりません。他方で、キャリアには昇任試験がありません。今でいう総合職試験、昔でいう

Ⅰ種試験が、採用試験にして最後の試験です。警察ドラマ等で、都道府県警察の現場でも受験勉強に余念がないキャリアが描かれることがありますが、カリカチュアです。昇任試験が存在しない以上、受験勉強の必要もないので。

警察キャリアの「最終勝者」

このように、キャリアには昇任試験がありませんので、瞬間風速的なタイムラグは起こり得ますが、原則として「同期は同時期に昇任」します。警視になるのも、警視正になるのも、警視長になるのも警視監になるのも一緒というわけです。ゆえに、「立身出世」の目安となるのは、階級というよりも、どのようなポストを経験してきたか／どのようなポストをゲットしたかです（時として、情勢によっては、「どのような都道府県を経験してきたか」「どのような出向をしたか」も重要になります）。いずれにしても、大過なければ誰もが警視監にはなるのですが、もちろんそこから上もあり、そこから上が、人格・能力・経験・運を総合した、最終勝者の決定戦となります。

その、警察キャリアの最終勝者は、「警察庁長官」か「警視総監」のいずれかです。昔は両者並列のような扱いでしたが、最近は前者がやや格上の扱いとなっています。といって、いずれもキャリアにとっては「社長」級のポストといってよいでしょう。どちらも日本に1人しかいませんので、キャリアの最終勝者は、同世代に2人出るわけです。

うち警察庁長官は、警察庁の社長です（他省庁でいう事務次官）。警察庁は——私がよく使う比喩《ひゆ》ですが——全国警察47本社の「持ち株会社」で、実際上、全国警察にすさまじい影響力を行使します。というのも、全国警察47本社に送り込まれる社長は（警察本部長）、全て警察庁によって、だから警察庁長官によって送り込まれるキャリアの後輩なのですから……

長官と総監の実質的な違い

そもそも警察庁長官には、一定の限界はありますが、法令上、都道府県警察に対する指揮監督権があります。またそんな堅いことを言わずとも、右の事情から、警察庁長官に叛逆《はんぎゃく》する都道府県警察はあり得ません。

ゆえに警察庁長官は、自分の思い描くヴィジョンのとおりに、全国警察の舵取《かじと》りができます。ちなみに警察庁長官は「警察官」でなければならないことが定められていますが（だから一般職の公務員ではダメ）、しかし日本で唯一、階級を持たない警察官でもあります（ただし星5つの「警察庁長官章」があり、まあこれはほとんど階級章と変わりません）。

他方で、最終勝者のもう1人である「警視総監」は、東京都警察本部の長です。東京都警察本部のことを「警視庁」と呼ぶのは——歴史的な経緯からです——皆さん御存知のとおりですが、警視総監とは、この警視庁の社長です。すると、持ち株会社の社長である警察庁長官より、明らかに格下なのではないか……という御疑問を抱かれるかも知れません。感覚的にはそれは正しいのですが、実態論としてはやや異なります。というのも、警視庁は5万人組織で、日本警察最大の実力部隊ですから（普通の県警察となると、2000人とか3000人とかです）。警視庁は異様ですね。警察官だけで街ができますから……ゆえに例えば大震災対応であるとか、オリンピック対応であるとか、サミット対応であるとか、ワールドカップ対応であるとか、はたまた天皇陛下の御退位・御即位に伴う一切のオペレーションであるとか、日本警察にとって重要などのようなミッションも、警視庁の——だから警視総監の力なくしては成立しません。ここは、現場とは距離感のある警察庁長官と大きく違うところです。警察庁長官は、警察官ではあるけれど、旗本の実力部隊を、一兵も有してはいませんから（警察庁長官の下にいる警察庁警察官は、やはり警察官でありながら、現場での職務執行ができないこととされています）。

よって、警察庁長官は官僚として位人臣《くらいじんしん》を極めた者といえ、警視総監は警察官として位人臣を極めた者といえます（もちろんキャリアですから、警視総監も役人仕事のプロではあるのですが）。このように、警視総監自身もまた現役の警察官で、しかも「警視総監」という階級を持つ警察官です（職名＝階級）。その階級章は、星4つです。

「刑事」いろいろ

刑事部門の刑事――保守本流

刑事というと、読者の方が思い浮かべるのは、私服で犯罪の捜査をする警察官でしょう。それはもちろん正しいのですが、幾つかの注釈も必要です。

まず注釈の第一として……「刑事」というのは、それが「古野刑事」という用い方をされるのであれば――業界ではそんなに用いませんが――これはもちろん階級ではないし、職名でもないということです。このような呼称を用いるとすれば、それは慣例か、ある種の事実上の称号です。すなわち「刑事」という職名に任命されるとか、「刑事になれ」という旨の辞令が交付されるとか、そういったことはありません。

次に、注釈の第二としては……一般に認知度が高いのは「刑事部門の捜査員」であって、こうした人々を「刑事」と呼ぶことが多いということ。ここで、試みにネットで、御自分のいる都道府県の警察の組織図を引いてみてください。警察本部には絶対に「刑事部」という部門があるはずです。この「刑事部」が、殺人、強盗、強制性交、放火、窃盗、脅迫、恐喝、詐欺、横領、背任……といった、刑法のメニューにある犯罪の捜査を受け持っています。警察署レベルなら「刑事課」「刑事第○課」といったセクションがこれに対応します。こうした部門あるいはセクションに、制服勤務をしない、私服の捜査員が配属されていて、その捜査員はまさにドラマで描かれるような犯罪捜査を担当する——ゆえに、読者の皆さんがイメージしている「刑事」とは、①警察本部の刑事部に配属された捜査員か、②警察署の刑事課等に配属された捜査員、ということになります。実際、こうした人々は、自分たちのことをもちろん「刑事」と考えていますし、しかも部門／セクションの看板どおりの「刑事本流」だと考えています。

ところが、もちろん会社に庶務だの企画だの会計だのがあるように、刑事部／刑事課も、捜査員だけで成立しているわけではありません。そこには既に述べたような「管理官」がいますし、捜査本部が立つなら「捜査主任官」がいますし、もちろんドラマにもなった「捜査第一課長」といった指揮官もいれば、「ブチョウ」のところで触れたような「刑事部長」もいます。これらの人々は、管理職で、しかも叩き上げの刑事である可能性の強い管理職です。ゆえに、もはや現場の捜査員ではありませんが、自分のことを「生涯刑事」だと考えているかも知れませんし、人によっては「調べの神様」「検視の生き字引」といった感じで、刑事の大ボスとしての尊敬を集めているかも知れません。ちなみに、刑事部には、部門をどう動かすかを企画する警察官もいれば、庶務を担当する警察官も、法令の指導を担当する警察官もいて、これらもまた、優秀な刑事の中から選ばれます。組織において庶務機能・企画機能は命綱《いのちづな》だからです。

ゆえにこの人々も、自分のことを「今は捜査をしていないが、俺は生粋《きっすい》の刑事だ」と考えているかも知れません。

――以上は、典型的な「刑事部」「刑事課」の話です。

「刑事」という呼称、「捜査員」という呼称

しかし、「私服で犯罪捜査をする捜査員」というなら、何も刑事部に限らず、警察のいろいろな部門に配属されています。組織犯罪対策部門で暴力団担当の刑事をやっている警察官もいれば、交通部門で交通事件事故捜査を担当している警察官もいます。隠微《いんび》なところでは、忍者あるいは隠密《おんみつ》のようなかたちで、テロ対策・テロ捜査を担当している警察官もいます。この人々は、右に見た、「刑事部の刑事」「刑事課の刑事」からすれば、生粋の刑事ではありません。またこの人々自身も、自分は刑事部／刑事課の人間などではないという意識から、自分のことを刑事とは意識しない場合があります。それは部門によって異なります。例えば、歴史的に、いいいいい、刑事部から派生した組対部の捜査員であれば、ナチュラルに、自分のことを刑事だと思っているでしょう。他方で、刑事部とはある意味水と油である警備部の私服捜査員からすれば、自分のことを「刑事」だとは言いたくないはずです。しかしいずれにしろ、こうした、刑事部以外の私服の捜査員がやっていることは、仕事の性質としては、刑事部の刑事と何ら変わりません。

このような経緯なり機微《きび》なりがあるので、刑事部・組対部は別論として、他の部門では、犯罪捜査をする私服のことを、仕事の性質は一緒であっても、あえて、「刑事」ではなく「捜査員」と呼ぶのが常です（ただし二人称だと、前述のとおり、やはり職制か階級で呼びます）。

エンタメの華、キャリアとノンキャリア

絶対数と交流頻度の大きな差

私は本格ミステリ書きで（それを警察小説風に仕立てることはあります）、典型的な警察小説は書かないし読まないので、すべて伝聞になりますが――警察小説の主流は、警察組織内のドロドロした陰謀なり対立なりを扱うのが王道のようですね（あと若い美貌の女性刑事を出せば売れるとか売れないとか）。

そうした陰謀論によく用いられる絶好のネタは、「キャリアとノンキャリアの対立」という図式でしょう。非常に解りやすいですし、余計な説明がいりませんから。しかし聞き及ぶかぎりだと――時々編集者さんが教えてくれます――ほとんどが荒唐無稽《こうとうむけい》というか、「勘弁してくれよ……」という内容である印象を受けます。

ここで、我が国警察の現状を踏まえると、キャリアとノンキャリアの対立というのは、ほぼ無いか、仮にあっても極めて例外的なシチュエーションに限定されると思います。というのも、そもそも都道府県警察の現場においては、キャリアと直に接するノンキャリアは、圧倒的少数派なので。

これを詳しく見ると――見習い水準の若手キャリアはともかく、都道府県警察に出るキャリアというのは、最低でも所属長警視です。すなわち最低でも警察本部の課長です。あとは年次が上がるにつれて警察本部の部長、警察本部の本部長となってゆきます。なるほどこれらのとき――キャリアが都道府県警察の管理職となるとき――直接の部下はノンキャリアですし、直接でなくとも部長・本部長ともなれば様々な部下から決裁だの検討会だのを求められたりするので、まあ、大勢のノンキャリア警察官と人間関係を持つことになりますが……ところが中小規模県だと、そもそもキャリアは3人程度しかいなかったりします。大規模県でも5人とか、6人とか（なお、常に警視庁は例外・別格）。

さて、そのうち2人は役職としては社長・副社長を務めますから、この2人は（それ未満のキャリアにとっても）雲の上の人で……例えば警察署員ともなると、結局この2人の任期の内に一度も口を利いたことがない／出会ったことがない／名前すら覚えていないということがナチュラルにあり得ます。あまりに関係のない人だからです。他方で、警察本部の警察官だと、さすがに本社ですから、社長・副社長に決裁を求めたり、御説明に上がったり、呼びつけられたり……という機会は多くなるのですが、そこにまさか人間的な交流は（一般論としては）ないですし、そもそも社長・副社長と接するのは警察文化上、警部以上であることが普通です。警視以上というローカルルールもめずらしくありません。

実は利害の一致がある

そうすると、警察本部の警察官であっても、社長・副社長に「感情的な何かを抱く」という機会がそもそも限定されます。もちろん、例えばデタラメに、パワハラ的にガンガン怒られたりすれば憤慨《ふんがい》するでしょうが、そこに生まれるのは「キャリアへの反感」ではなく、「デタラメな社長／副社長への反感」です。まして社長／副社長は最長でも2年が過ぎれば異動してしまうのだから、「次のキャリアガチャ」に期待しこそすれ、「キャリアはけしからん、キャリア制度はけしからん」という感情にはまずつながりません。そもそも、都道府県警察のノンキャリアは、自分たちの作り上げてきた、自分たちが40年近くを勤め上げる都道府県警察に愛着があり、その担い手は余所者《よそもの》のキャリアではなく自分たちだと考えており、キャリアなんてものは2年程度で去ってゆく「渡り鳥」に過ぎないと思っています（まして、その渡り鳥と交流する機会も少なければ、渡り鳥の個体数も圧倒的に少ないのは既に述べたとおりです）。そこに深刻な対立が生じるというのは、一般論としては想定しかねます。

もちろん、都道府県警察に出て、ノンキャリアと接するキャリアは社長／副社長だけではありません。部長・課長であるキャリアもいます――都道府県警察内のパワーバランスを見たとき、圧倒的少数派でしかありませんが。この、キャリア部長・キャリア課長が、自分の部下たちと密接な交流をすることは、社長／副社長の場合と比較すれば、結構多いです。それはそうですよね、実際に、組織管理者として売上を上げてゆかなければならない中間管理職ですから。ただこのとき、キャリア部長・キャリア課長にとって、地元のノンキャリア警察官と対立関係に陥《おちい》ることは――あるいは彼らの機嫌を損ねることは、百害あって一利なしです。ぶっちゃけた話をすれば、自分の任期は1年から2年。将来を考えれば、あるいは職務に誠実なら、その短い任期で最大の売上を上げ、自分と部下の名を全国警察に響かせなければならない。部下の評価と自分の評価は完全に一緒で、だから一蓮托生《いちれんたくしょう》です。そして、一般論としてはキャリアはバカではないでしょうから（時々おかしなのがいますが……）、利害が一致するノンキャリアの部下を大事にしこそすれ、その怨みを買ったり、叛逆《はんぎゃく》を招いたりするような素行・態度はまず避けるでしょう。これは社会常識を考えれば解ることです。また、部下であるノンキャリアの側も、受け容れたキャリアは自分の県内の派閥抗争・人事抗争なりと全く無縁な渡り鳥なのですから、むしろ地元のボスキャラだの、定評あるパワハラーだの、今後10年は自県に君臨し続ける厄介《やっかい》な先輩だのよりは、よほど扱いやすい。言論の自由もあるし、将来を気にして遠慮しなくてもいい（どのみちお客さんですから）。また警察庁とのパイプもあるし、社長／副社長室に気軽に入ってもらえるし、他の都道府県警察における商売のノウハウも持っているから、仕事上使い出がある。ここでもまた、キャリア・ノンキャリアの利害は一致するわけです。

「キャリア批判」をつぶさに見れば……

そんなこんなで、キャリア対ノンキャリア——なんて話はほとんどが眉唾《まゆつば》なのですが、時として右の常識論・合理性を超えたモンスターが登場することもあり（本当にどうしようもないのがいます……）、そのときは事情がまた違ってきます。ただそのときも、「キャリア批判」が生まれるというよりは、そのモンスター批判とおバカ排除の動きが生まれるだけで、キャリア制度そのものへの反発は生まれません。キャリアとノンキャリアでは、数も、住む世界も任期も、行動原理も出世メカニズムも違いすぎていて、また、お互いの位置付けについて歴史が重ねられ過ぎていて（戦前から）、双方「ケンカする気も起こらない」というのが実態です。また、キャリアに厳しい意見を有する優秀な警察官でも、「選ばれたキャリアらしからぬ振る舞いがケシカラン」「みすぼらしい神輿《みこし》を担ぐのは嫌だ」「指揮官として堂々としろ」というかたちで怒るのが一般的であり、身分の違いについては「誰もが試験を受ければキャリアになれるのだから、制度批判をするのは筋違い」「自分は好んで都道府県の警察官になったのだから、昇任スピード等の違いを批判する気にはなれない」と考えるのが一般的です。優秀な地元警察官ほど、警察庁でのキャリアの奴隷労働がどれだけブラックかを知っているという一般的な事情もあります（なおここで「一般的」「一般的」と繰り返している趣旨は、私自身が現場で、当事者として腐るほど聞いた結果だ——という趣旨ととらえてください）。

　ただ、キャリアに触れたこともなければ、キャリアの具体的な生態・職業人生を知らない巡査、巡査部長、警部補あたりは（とりわけ警察署しか知らない警察官は）、警察エンタメそのままの素朴な反感を持っていることがありますし、それ以上の警察官であっても、心の底で「若僧が……」「実務も知らないのに……」と思っていることはあります。ただそれはキャリア批判ではなく、要は年齢批判なり学歴批判なりですし、そういう警察官はたいてい、人生で一度もキャリアに遭遇しません（少なくとも会話の機会を持ちません）。つまりそれは、「A国人は反日でクソだ」という抽象的な物言いと一緒です。

交番にいる「ハコ長」

交番を仕切っているのは誰か

我が国には至る所に交番があります。これはいってみれば、警察署の出張所です。ゆえに我が国警察は、持ち株会社（警察庁）↓各都道府県本社（警察本部）↓各支店（警察署）↓各出張所（交番）、という組織づくりをしています。そして交番は、警察署の出張所であり、したがってミニ警察署とでもいうべきものですので——実態論としては治安のコンビニでしょうか——地域住民の人々に最も身近な警察窓口として、警察のあらゆる仕事を（少なくともその最初の部分を）一手に担います。

交番そのものについてはまた後述しますが、交番のことを業界用語で**PB**とか**ハコ**とかいいます。そしてその**ハコ**を警察署長から委ねられているのは、警部補です。**カカリチョウ**でしたね。また、交番の責任者のことを**ハコチョウ**（ハコ長）と呼んだりします。ですので、交番の責任者にあっては、原則としては、**カカリチョウ**たる警部補が**ハコチョウ**になります。ここで「原則としては」といったのは、もちろん例外があるからです。例えば警察署が廃止された後に、地域住民の方々の安心のために残された巨大な交番であるとか、治安維持の観点から意図的に巨大にした交番であるとか、そうした規模の大きな**ハコ**は、わざわざ「警部交番」と呼ばれ、その名のとおり警部を**ハコチョウ**にしています。また、特に巨大な交番でなくとも、諸事情によって「交番所長」という職が置かれることがあり、これまた警部をもって充てることが多いです。また、1日あたり2人で運用しているとか、あるいは治安事象が少ない、まあ田舎で運用しているとか、そうした交番は巡査部長を**ハコチョウ**としていることもあります。これをまとめれば、**ハコチョウ**は一般論としては警部補だけれど、特定の交番では警部・巡査部長だ——ということになります。

ここで、交番はまさに治安のコンビニですから、24時間営業をしています。とすると、同じメンバーがずっと泊まり込むわけにはゆきません。ゆえに、交番は3交替制をとっています。すなわちA交番については3チームが編制され、例えば月曜日はチーム1、火曜日はチーム2、水曜日はチーム3……というように、チームを順番どおりに入れ換えながら運用されます（別に曜日に着目しているのではなく、1→2→3→1→2→3……という順番が、365日続いてゆくわけです）。すると、A交番にいる警察官は24時間ごとに代わることになりますね。もちろん、チームの長である警部補も一緒に代わります。ゆえに、右で述べた「警部交番」「交番所長」のような例外を除けば、**ハコチョウ**も日々代わるわけです（実は、「それでは地域住民の人々にとって分かりにくい」「同じ責任者を毎日置いてほしい」という趣旨・要望から生まれたのが「交番所長」制度です）。ゆえに、交番の運用方針なり実績なりを管理する**ハコチョウ**は3人いて、日々それらが変わることになり、それぞれのチームで実績等が争われることもある、といえます。

ハコ長とブロック長

なお、警察事象はなかなか減りませんが、警察官の定員はすぐ増えるわけではありませんので、貴重な定員をどう運用するかは、とりわけ交番部門の悩みのタネです。例えば、夜になればなるほど、繁華街や駅前の交番はいそがしくなりますが、だからといって応援なり増援なりがあるわけではありません。そこで、地域にひろく分散させている交番の集合体を「ブロック」ととらえ（例えばB駅前交番＋C街交番＋D公園交番＋E町交番を1つの「ブロック」とする）、このブロック内で、比較的落ち着いたところから、比較的多忙なところへ警察官を一時的に動かすことができる仕組みが整えられました。実態論としては、ほとんどの警察官が繁華街や駅前に集まることになりますが……このときは、このブロック全体を見渡して人員を動かす指揮官が必要になります。それは個々の**ハコチョウ**の権限を超えます。そこで、例えばブロック内で最も大きい交番の**ハコチョウ**を**ブロックチョウ**（ブロック長）に任じ、ブロック全域を指揮できるようにしています。このとき、例えばB駅前交番の**ハコチョウ**である警部補は、同時にこのブロックのブロックチョウになったりするわけです。警察においては、警部から管理職だと御説明しましたが、ブロックチョウは管理職的な側面を持っており、結構大変な仕事です（自分自身も、巡査とあまり変わらないプレイヤーとして腰軽く動かなければならないのに、ブロック全体の運用や売上を考えなければならないので）。

「大阪府巡査」と「神奈川県巡査」に違いはある？

改めて「都道府県警察制」とは

いきなり見出しの疑問に答えると、違いはありません。正確に言えば、身分・権限・職務といったものに違いはありません。お給料はもちろん違うでしょう。また、昇任試験の厳しさとか、あるいは「組織文化」「業界用語」とかに違いはあり得ますが、警察官としての立場、できること、仕事の中身に違いはありません。

ここで、これまでしれっと流してきた、我が国警察の重要な仕組みについて概観します。

我が国警察は、「都道府県警察制」を採用しています。これはつまり、各都道府県警察は

──警視庁、大阪府警察、愛媛県警察、熊本県警察等々は──独立した、原則として他からの指揮監督を受けない、独自経営の会社です。すなわち我が国には、47の、それぞれ独立した警察会社があるわけです。警察は、戦後に限っていえば、「地方自治」について最も先進的な役所です。

これら47の警察会社は、独自の経営判断によって警察の仕事をしますので、例えば採用活動も独自にやります。採用するのは、その都道府県の公務員──地方公務員です。ゆえに、警視庁の採用試験に合格し、晴れて巡査を拝命したとすれば、その警察官は東京都の公務員になったことになります。大阪府警察の採用試験に合格し、巡査を拝命したとすれば、やはり大阪府巡査となります。神奈川県巡査、京都府巡査、島根県巡査、青森県巡査……理屈は全て同じです。そして、途中で警察庁に引き抜かれて移籍を承諾しなければ（あるいは退職願を出して他の都道府県警察を受け直したりしなければ）、身分はずっと地方公務員のまま。少なくとも警視までは、自分の都道府県の公務員です。

よって、自分の都道府県の財政事情等によって、お給料に差が出たりします。また、銭形警部のところで若干触れましたが、他の都道府県警察に出向する仕組みはあるにしろ、大多数の警察官はそれを経験しません。したがって、A県警察の警察官は、40年近くの公務員人生を、自分の都道府県警察だけで過ごすことになります（それぞれの都道府県警察が独立した会社である以上、むしろ当然といえるかも知れませんね）。これは、言い換えれば、47の都道府県警察のそれぞれについて、特殊なローカルルールが発達しやすいということです。制服の着方、出動服の着方、役所仕事の書類の書式、あるいは業界用語に至るまで、同じ文化が同質の人間によりずっと継承されてゆくので、例えば各都道府県警察を頻繁《ひんぱん》に渡り歩くキャリアからすると、A県警察の常識はB県警察の非常識、C県警察の隠語はD県警察では通じない……等々のことが、ナチュラルに生じます。

警視正以上の特別ルール

ただ、さすがに「刑訴法の運用」「警職法の運用」「道交法の運用」といったベーシックな実務は変わりませんし、変えたら大変です。A県警察では取り締まられるのに、B県警察では野放し……などとなったら一大事ですから。同様の趣旨から、捜査書類の書式、警察官の制服、装備品、パトカー、無線のシステム、一定の端末等については、言い方はともかく、警察庁等によって規制され、デフォルトが定められています。

いずれにしろ、例えば大阪府巡査は昇任試験に合格すれば大阪府巡査部長になり、以下同様で大阪府警部補、大阪府警部、大阪府警視、と昇任してゆくわけですが——ちょっとした雑学としては、「警視正からは扱いが異なる」ということが指摘できます。

いよいよ警視正ともなれば、警察本部の部長クラス・役員クラスですから、そこはまあ、なんというか、国としても、ある程度言うことを聞いてもらわないと困るというか、県の側から「地方自治だから口を出すな!!」などというケンカを売られたら歯止めが利かないというか……そんな観点から、国は特別ルールを定めました。すなわち、「警視正にまでなったら全員、国家公務員な!!」という特別ルールです。よって、右の例でいえば、大阪府警視が晴れて警視正に昇任するときは、大阪府警視正とはならず、国の警視正となります。これは、警視正となる側からすると、「地方公務員より給与水準が悪いから手取りが減る!!」みたいなことにもなり得ます（まあ、功成り名を遂げたので、それくらいいいじゃないかとは思いますが……）。いずれにしろ、警視正となった警察官は、「辞めるまでずっと都道府県の役所で働く国家公務員」という、ちょっとめずらしいイキモノになります。

冤罪《えんざい》防止、「取調べ監督官」

取調べをめぐる改革の取組

一般の人にとって、取調べは恐いものです。密室で行われますし、見知らぬ他人と同席を強いられますし、まして警察官はそもそも恐いものですから。まあ、実際に罪を犯してしまった犯人と、そうでない全く無実の人とでは、「恐い」の内容が違うでしょうが……

いずれにしても、警察は「個人の生命、身体及び財産の保護」と「公共の安全と秩序の維持」を責務とする組織です。シンプルには、正義を実現しなければならない組織です。それが、戦前もビックリのデタラメな取調べをやるとなれば、そのこと自体正義に反しますし、それがたとえ真の自白を——真犯人の自白を獲《え》ることにつながったとしても、そのプロセスが正義に反します。ゆえに、我が国憲法も刑事訴訟法も犯罪捜査規範も、警察が正義にかなった組織であるよう、その権限行使が正義にかなったものであるよう、諸々《もろもろ》のルールを設けているのですが、どれも歴史ある——あえていえば古い——法令ですから、取調べについての具体的なルールなり規制なりは、必ずしも明確でないきらいがありました。まして、ここでは名前だけの紹介にとどめますが、いわゆる「富山事件」、いわゆる「志布志《しぶし》事件」という2つの無罪事件の発生を見（いずれも平成19年無罪確定）、警察の取調べの在り方について、大きな批判と議論が起こりましたね。それゆえ、警察も取調べの在り方について大きな改革を迫られたのですが——それにより置かれることとなったのが、「取調べ監督官」です。

これは、「管理官」「調査官」「対策官」といった、もう御紹介した「ナントカ官」系の、たいていは警視クラスの、専門領域の元締めとしての「官」ではなく——警察本部・警察署の管理部門の、主として警部クラスが兼務する「官」です。取調べのところで見ましたが、取調べをするのは取調べ官（**シラベカン**）でしたね。この「取調べ監督官」は、そのシラベカンによる取調べを監督する、捜査側とは独立した立場の警察官です（だから捜査部門でなく、管理部門の警察官をもって充てることとされています。いわゆる捜監《ソウカン》分離）。

取調べ監督の具体的なスタイル

そして、これも取調べのところで見ましたが、例えば調べ室において、①調べ官が被疑者の身体に接触したり、②有形力を行使したり、③脅迫めいたことを言ったり、④ずっと正座を強いたり、⑤いわゆるカツ丼を出したり、⑥尊厳を害する言葉を発したりするのは、今や法令で規制されています。また、取調べの時間的な基準も、事前の承認を受けていないのなら、1日当たり8時間まで／午前5時から午後10時まで、との法令の規制を受けるようになりました。

このような、取調べについての規制なりルールなりを、**シラベカン**に守らせるのが取調べ監督官の仕事です。ちなみに業界用語で、取調べ監督のことを、あるいは取調べ監督官のことを**トリカン**といいます。**トリカン**は、その日の取調べ予定を把握した上で、もちろん抜き打ちで、実際に取調べ中の取調べ室の近くにゆき、まあ、聞き耳を立てたり、今はほとんどの取調べ室に整備されている「透視鏡」を使って取調べ室の中を覗《のぞ》き見たりして、右のようなデタラメな行為がないかどうか、はたまた右のような時間的制約を守っているかどうかを、自らチェックすることになります。そして、あってはならないことですが、ルール違反を現認したならば、ルール違反を行っている**シラベカン**の上官である「捜査主任官」に取調べの中止や中断を求めることができます。ここで、わざわざ捜査主任官を通すのは、管理部門の**トリカン**には、現実の捜査の流れや、**シラベカン**と被疑者の人間関係等が分からないからです。聞き耳を立てたり覗き見をしたりというのは、飽くまで「外形的な」チェックですから、実は話を聞いてみれば、誤解だったということもあり得るわけです。とりわけ時間の事前承認については誤解が生じやすいでしょうし、そうでなくても例えば「おい気を付けろよ!!」なる大声と「ドン」という大音がしただけでは、実際に何が起こったのかは分かりませんよね（被疑者が熱湯のような白湯をこぼしたのかも知れないし、**シラベカン**が手をすべらせて被疑者にパソコンを当ててしまったのかも知れません）。はたまた**トリカン**は、いわば抗議先である捜査主任官が物理的にいないとか、捜査主任官と連絡が取れないとなれば、いよいよ自分で取調べを中止させることもできます。あと、**トリカン**は、被疑者取調べに関する被疑者、弁護人等からの苦情を受け、あるいはそれを集約する担当者でもあります。さらに、被疑者取調べにおいて違法があったと認められるなどのときは、その内部調査を行うなど、監察官的な仕事をも行います。

チェックアンドバランスあるいは内ゲバの制度設計

以上を具体的にいえば……例えば「**トリカン**が透視鏡を使って覗いたら**シラベカン**が被疑者にカツ丼を食べさせていた（あるいは、午後10時を過ぎてもしれっと取調べを続けている）」――となると、まあ大抵は同じ警部の階級にある「捜査主任官」に対し、「おいデタラメやってるけど大丈夫か？」「便宜供与なら止めさせろ」と要求することができる（あるいは、「ちゃんと事前承認とってるのか？」「俺の所には連絡がないぞ」と確認することができる）ということです。そのようにチェックすることが、あるいは是正させることが、敢えて言えば**トリカン**自身の「実績」「評価」となりますし、**トリカン**と**シラベカン**は所属部門が異なりますから、このチェック等は、システム的に馴《な》れ合いとはなりません（むしろ役所のセクト意識から、よくて牽制、ひょっとすると内ゲバになるほど）。

実際、**トリカン**の実際の運用は、かなり官僚的になされており、例えば午後9時45分になったら大きなブザーを鳴らしたり、そもそも取調べ室は常時開け放しておくことを基本としたり、**シラベカン**が持ち込む物品を検査したり、はたまた事前承認の手続をやたら厳しくしたりするので――そこはローカルルールによります――**シラベカン**側からすると、**トリカン**の融通《ゆうずう》の利かなさに抗議したくなることもあるとのこと。まあ管理部門は、もともと嫌われ役ですし、重ねて、**トリカン**は**トリカン**で、しっかり「悪事」を摘発することが実績になりますから……

「警察官」と「警察職員」、実は違います

庶務のお姉さんは「警察官」ではない

何気に使ってしまう言葉ですが、警察官と警察職員はあきらかに違う用語です。

警察職員というのは、都道府県警察でいうと、〈警察官＋一般職員〉のことです。一般職員というのは、イメージとしては庶務のお姉さんを想定してもらえばよく、要は都道府県警察という役所に勤務する、普通の地方公務員のことです。普通の地方公務員ですので、例えば県庁職員がガサなり職質なりをすることができないように、警察官としての職務執行はできません。というか、そういう職でも採用区分でもありません。警察官ではないので、階級もありません（それはむしろ解りやすい気もします。係員は係員、主任は主任、係長は係長、課長補佐は課長補佐で、そこに階級が絡《から》んで意味不明になる余地がないからです）。

もちろん警察も役所ですから、庶務、総務、会計等々、ロジスティックスを担うセクションが必要で、そうしたところでは、一般職員の人々に大きく活躍してもらわなければなりません。目撃しようと思えば、免許窓口とか、会計窓口とか、交通・生安関係の許認可窓口を訪れるとよいでしょう。あと、目撃はしづらいと思いますが、鑑識係とかにも一般職員の人々が配置さ

れています。また、記憶がちょっと曖昧《あいまい》ですが、警察用航空機（ヘリ）、警察用船舶の操縦士さんは、一般職員の人だった気がします。さらに、昔は警察音楽隊というと警察官自身が兼務して運用する部隊でしたが、今は一般職員の人、あるいは非常勤の人が入っているかも知れません。まあ、そうした「スペシャル」な感じでなくとも、一般職員は警察組織に満遍《まんべん》なくいるので、配置されていない所属を探す方が難しいです。そうしたかたちで、警察官でない一般職員の人々も、都道府県警察に欠かせないリソースとなっています（とりわけ読者の方に身近な分野では、遺失物の取扱いについて、「神様」レベルの達人がいたりします）。

この、一般職員と警察官を合わせて、「警察職員」と表現します。

警察官でも一般職員でもない「皇宮護衛官」

警察職員のうち、警察官については、今更注釈する必要もないでしょうが、一般職員と対比していえば、「警察官」とは階級があり、強制活動であれ任意活動であれ職務執行ができ、あとは……まあその証明として警察手帳を貸与される、そんな地方公務員です。ちなみに、公共の安全に関係しているという意味で「公安職の公務員」と呼ばれ（公安警察といったときの公安とは全く無関係な概念です。警察官は全て公安職の職員ですから）、他の公務員よりは——例えば県庁の公務員よりは——微妙にお給料を加算されています。

なお、以上は地方の、都道府県警察についての説明で、国の警察組織については説明が微妙に変わります。国の警察組織においては、警察職員というのは、〈警察官＋皇宮護衛官＋一般職員〉のこととなるからです。

パッと目に付くのは、「皇宮護衛官」が入ったことですね。これは皇宮警察のおまわりさんで、制服も装備も（肩のエンブレム等以外）ほとんど警察官と変わらないのですが、皇宮警察のおまわりさんは、「警察官」とは呼ばれず、またそのような採用区分でもなく、「皇宮護衛官」という特殊な公務員とされます。それでもおまわりさんであることは変わりありませんので（日本で唯一、消防活動もする変わり種ですが）、やはり警察ファミリーの中に入り、ゆえに「警察職員」となります。

ちなみに付言すれば、国の警察組織における〈警察官＋皇宮護衛官＋一般職員〉の「警察官」とは、警察庁警察官のことで、それは警察庁長官の項で述べたとおり、「警察官としての職務執行ができない警察官」のことです。その意味では都道府県の一般職員と変わりません。ただ警察庁警察官の場合、①階級があることと、②職務執行ができる立場にあった警察官を出向させていることなどから、警察実務に通じていること、③長官の指揮監督権に基づき、職務執行ができる都道府県の警察官にそれを命ずることができる（場合がある）ことが、都道府県の一般職員と大きく異なります。

「捜査本部」は誰が指揮する？

そもそも、捜査本部とは

警察ドラマ等では、捜査本部が立ったとなると、いかにもハイテクな、メタリックな大会議室が用意され、立派な雛壇《ひなだん》が立てられ、それに相対《あいたい》して無数の白々した長机《ちょうき》が並び、パリッとしたスーツを着たイケメン刑事たちがビシ、ビシと起立しながら、手元の黒い手帳を見ながら、颯爽《さっそう》と事件情報を報告してゆく――なんて様子が描写されます。

実際の捜査本部は、事件の規模、警察の懐《ふところ》具合（極論、会議室の整備状況とか）によって千差万別ですが、やはり殺人といった重要事件となると、どれだけカッコいいかは別論、警察ドラマ等で描かれるような大規模な捜査本部が立ちます（ちなみに業界用語で、**ソウホン**）。

これは、組織として見れば「臨時のプロジェクトチーム」です。裏から言えば、新たに課なり室なり隊なり、そういった常設の組織を起ち上げたわけではありません。ゆえに、捜査本部の人員は全て**どこか**から差し出されたものとなります。

ここで、事件発生署としては、管轄責任からして最大限の動員をしなければならないけれど、かといって日常業務をお休みにできるわけではないため、とりわけヒト・モノ・カネを調整する副署長が頭を抱えることとなります。事件の捜査責任は、飽くまで発生署の警察署長にあることから、例えば殺人のとき実質的に捜査本部を仕切ることとなる「警察本部捜査第一課」のエリート刑事たちは、形としてはお客様。だから、会議室その他の手配も含め、ヒト・モノ・カネを調達しなければならないのは発生署。ゆえに捜査本部は、それが警察本部オンリーでこっそりやるものでなければ、まず警察署に置かれます。

いわゆる「雛壇《ひなだん》」に座るのは――

その指揮系統を見ると、ごくごく一般的なケースを考えれば、捜査本部の「捜査本部長」は、その事件を担当する警察本部の役員（警視正）です。よって、再び殺人の例をとれば、これは刑法犯ですから、刑法犯を担当する刑事部長が捜査本部長となり、「統括」をすることになります。

この役員＝捜査本部長の下に、①その事件を担当する警察本部の担当課長（警視以上）と、②捜査本部設置署の警察署長（警視以上）が、「副本部長」として置かれます。その役割は、捜査本部長がする「統括」の補佐であり、捜査本部の全般的な運営を見ます。実際的には、②の署長には確かに管轄責任があり、ゆえに捜査責任というか指揮責任があるのですが、先に述べたとおり、捜査本部が立ったとしても警察署の取り扱う日常業務は減るわけではないので

(例えば交通事故も自転車盗もひったくりも減ってはくれませんよね)、署長はかなりいそがしい――よって、署長のキャラクタにもよりますが、どちらかといえば、①の担当課長がイニシアティヴをとります。警察ドラマ等でも捜査第一課長が素材になりましたが、これがまさに①の担当課長で、副本部長となります。事件主任官、と呼ばれたりもします。

ただ、この担当課長も、県下の全ての警察署における自分の担当業務に責任があるので、1つの捜査本部だけに専念できません。むしろ、捜査本部だけでも同時並行で幾つか立っているのが普通です。そこで、担当課長の名代《みょうだい》として、その全権委任を受け、捜査本部を実務的に指揮するのが、もうこの本にも出てきた「管理官」(警視)となります。

また、もっと実務的・具体的・日常的に、例えば捜査本部のそれぞれの班なり係なりチームなりを指揮するのは、管理官の下にいる「捜査主任官」(警部以上)となります。業界用語でも**シュニンカン**です。

管理官が捜査本部に常駐するかは管理官の事情によりますが――これまた、複数の事件なり捜査班なりを抱えていることがあるし、初期段階はともかく、長期化してくればくるほど指揮する事項も限られてきます――他方で**シュニンカン**はその捜査本部に専従し、朝から晩まで、本籍地の警察本部に帰ることなく、このプロジェクトチームで指揮をとり続けます。イメージとしては、**シュニンカン**は朝な夕なずっとグラウンドにいる部活の顧問先生で、手取り足取り細かい所まで指導する人です。これが、管理官、担当課長と上がってゆくにつれ、高校での担任の先生とか（HR以外にも多忙）、校長先生（偉くて多忙）といった距離感になります。実際、たまに捜査第一課長主催の検討会――御前会議が行われるとなると、捜査本部はグッと引き締まります（とりわけ行き詰まっているとき）。

警察の非常勤職員――やっぱり経験が必要

一般職の中にも違いが

先に、「警察職員」という言葉の意味を見ました。それは、都道府県警察についていえば、〈警察官＋一般職員〉でした。そしてこの一般職員には、常勤の一般職員と非常勤の一般職員がいます。常勤の一般職員については、庶務のお姉さんを念頭に置いていただければいいので、なら「非常勤の一般職員」とはどのような人々か、というと――

パッと思い付くかぎりでは、警察安全相談員、交番相談員、少年補導職員が挙げられます。実は私の縁者もそんな仕事をやっていまして（それをいったら警察官もいるのですが）……まあそれはともかくとして、ここではきっと読者の方が街で発見できるであろう、「交番相談員」について触れます（ちなみに「警察安全相談員」は、警察の「相談の総合窓口」等に配置される人々で、近時とりわけ重要になっている、相談業務に従事する非常勤の地方公務員です。もう15年以上の歴史を有する職ですが、ここのところ、大きな社会問題となっているDV・ストーカー事案等を反映してか、いっそう増員傾向にあります。また「少年補導職員」は、少年の非行防止、立ち直り支援、街頭補導、一定の事件調査等を行う、警察本部の少年課等に配置される非常勤の地方公務員です。少年警察部門においては、この非常勤職員たる少年補導職員に限らず、ボランティアの少年補導員、少年指導委員、スクールサポーターなど、昔から幅広い人材の活用が特徴的です）。

さて「交番相談員」は、交番にいて、警察官とはちょっと違った制服を着て、警察官が着用していないマークを着装している人です。非常勤とはいえ公務員ですので、警察の仕事はできますが――それは常勤の一般職員が警察の仕事をすることができるのと一緒――もちろん警察官ではないので、強制活動はできませんし、任意活動であっても警察官にしか認められないものは（例えば参考人の取調べ、職務質問、巡回連絡）、やはりできません。では何をやっているのかというと、交番の仕事のかなりを占める道案内――業界用語でいう**チリシドウ**（地理指導）、遺失届の受理とか拾得物の取扱い（**イシツシュウトク**）をメインに、あとはこれまた極めて重要な「留守番」——業界用語でいう**コウバンのマモリ**をやっています。

非常勤職員が必要な理由

そういった、**コウバンのマモリ**が何故重要かというと、既に懐かしいお名前になりましたが小泉内閣のとき、「空き交番の解消」（というか絶無）が厳しく求められたからです。要は、常時不在となってしまっている交番を1つ残らずなくせ——と厳しく怒られたからです。ただ交番の警察官は、事件事故があれば真っ先に現場臨場しなければなりませんし、事件事故がなくてもパトロールその他で交番を空けなければなりません。そして警察は慢性的に定員不足です。そうなると、どうしても交番は空いてしまう——そこで、交番の仕事について一定の知識経験がある人を非常勤職員として採用し、空いてしまうような交番では留守番・連絡役・取次ぎ役をしてもらおう、とにかくお客様がガッカリして帰ることのないようにしよう——というのが、交番相談員制度の生まれた背景です（正確には、小泉政権以前から交番相談員はいましたが）。

幅広い人材が必要だが……

この交番相談員制度ですが、始めてみれば非常に市民の人から好評だということで、交番相談員の仕事内容はどんどん増えていきます。昔は「被害届」なんかには手も付けられませんでしたが――それは警察官にしかできない仕事なので――最近では「被害届の代書・預り」というかたちで、シンプルかつ件数の多い罪種については、実質、被害届がとれるようになりました。また、これは私が警察官2年生のときから要望していたことなのですが、やはり手の付けられなかった「物件事故報告書の作成」(これも警察官にしかできない仕事)も、「物件事故報告書の作成補助」というかたちで、一定の制約の下で可能となりました。非常勤の職員がこうしたアシストをしてくれることで、交番の警察官が安心して所外活動に出撃できるようになるし、訪れる地域住民の人々も「24時間営業の治安のコンビニに店員がいない!!」という悲劇に見舞われなくてもすむようになります。

こうした、「非常勤職員のアシスト・知識経験を活用することで、警察官のマンパワーをより効率的に生かす」という考え方は、先の警察安全相談員でも少年補導職員でも変わりません。ただ、警察は非常に閉じた部分社会で、その仕事も非常に特殊な性格を有するため、幅広い人材が欲しい一方で、実際に採用するのはやはり知識経験があって即戦力となる(あるいは警察文化にすぐ同化できる)警察OB・OGとなることが多いです。実際、元警察官以外だと、この本をここまでお読みいただいた方なら解るとおり、「部長って何?」「次席と管理官ではどっちが偉いの?」といったところからギャップを感じてしまうでしょうし、ある仕事を「どの所属に頼んだらよいのか分からない」「そもそもある仕事を受けてよいのか分からない(警察官の仕事と一般職員の仕事の区別がつかない)」「捜査手続をお客さんに説明できない」等々の問題も生じ、御苦労されることになります。それは教養(教育訓練のこと)の問題であって、本来はもっと一般社会から幅広い人材を求めるべきなのかも知れませんが……即戦力でなければ時に命の危険もありますし、難しい問題です。

職人の極み、「技能指導官」

特定分野における達人・神様

またもや「ナントカ官」ですが、これまた管理官、対策官、指導官、調査官といった、特定の専門分野の元締め警視(時に警部)——という常設の職ではありません。これはズバリ、名誉称号です。

ここで、警察においては、「技能」がとても重要な意味を持ちます。それをスキルといっても、ノウハウといっても、あるいは時にレシピといってもよいかも知れませんが、例えば犯罪の現場において鑑識活動を行うにしろ、被疑者の取調べを行うにしろ、窃盗の被害に遭《あ》ったお家で実況見分を行うにしろ、はたまた街頭で職務質問をするにしろ、そこでは必ず特定の「技能」が必要となります。そして例えば拝命したばかりの巡査であれば、その「技能」のレベルは読者の方と変わりません。すなわちゼロです。喩《たと》えるなら泳げない状態、自転車に乗れない状態、楽器を吹けない状態です。そしてそれは、テキストを読んだり動画を視たりして独学するだけでは、絶対に体得できません。実際に、現場で――あるいはリアルな状況に身を置いて、繰り返し繰り返しやってみなければ体得できません。また、正しいかたちでというか、合理的なかたちで「技能」を体得するためには、その「技能」を有する先達《せんだち》が欠かせません（皆さんが泳ぎ方を体得したときのことを思い出してください）。

重ねて、新任巡査なら技能レベルはゼロですし、仮に年季を積んでいても、その「技能」を体得する機会がなかったのなら――あるいは体得することをサボっていたのなら、やはり技能レベルはゼロです。ところが、警察は慢性的な人員不足に悩まされていますから、新任巡査であろうとサボりがちなベテランであろうと、とにかく一刻も早く「技能」を体得して、実戦力として活躍してもらわなければ商売あがったりです。

ここに、警察が教育訓練に異様に熱心となる理由があり、またその一環として、技能指導官制度を導入した理由があります（ちなみに改めていえば、業界用語で教育訓練のことを教養、**キョウヨウ**といいます）。

技能指導官とは、要はこの**キョウヨウ**のため、そして「優れた職人」を賞揚するため設けられた名誉称号です。よりくだけた表現をすれば、特定分野における神様です。「落としの〇〇」「死体の〇〇」「職質の〇〇」といった二つ名が付く達人ですね。

技能指導官の任務と労苦

この技能指導官になるためには、特定の専門分野における15年の修練が必要となるほか、年齢そのものが45歳以上であることも必要となります。階級についての定めはないですが（ローカルルールではあるかも知れません）、技能指導「官」といったとき、それは警部か警視で、技能指導「員」といったとき、それは警部補以下であるケースが多いと思います。なお、神様の中の神様レベルに達すると、今度は「広域技能指導官」にランクアップして、今日は東北、明日は九州、明後日は北海道といった感じで、全国警察に派遣されるなどして**キョウヨウ**に当たります。

技能指導官が置かれる分野は、様々です。性犯罪捜査、窃盗犯捜査、取調べ、鑑識、検視、薬物捜査、職務質問、通信指令等が代表例ですが、これもローカルルールを当たれば、他の例が出てくるでしょう。法令上、ジャンルの限定はありません。

この技能指導官が行う**キョウヨウ**のスタイルは、警察学校における座学なりゼミなり、まあ学校での講義であることもあれば、いきなり一緒に現場に出て――例えばペアで現場に出て

――「ほらやってみろ」となる、業界でいう同行指導であることもあります。その混合型として、警察学校なり警察署なりで状況と舞台を設定して、いわゆるロールプレイングを試みることもあります。

ここで、技能指導官であれば、教える相手は自分の県の仲間ですが、広域技能指導官ともなると、他の都道府県警察というアウェーで、しかも「ウチの県にはウチの県の流儀がある!!」とどこも自信満々なアウェーで、同行指導等をすることになります。ゆえに、傍《はた》から見ているとかなりの御苦労があるのですが、ところが広域技能指導官レベルとなると、そのような他の都道府県警察の意地悪な態度を「実演1つ」で豹変《ひょうへん》させてしまうほどの、神域の芸達者《げいたつしゃ》であることが多いです（実際、例えば職質の技能指導で他県にゆくとすれば、短い指導期間のうちにシャブを挙げられない――などということは許されませんし、まずありませんから）。

なお、先にも若干触れましたが、警察では、「職人は警部補から上を目指さない」――管理職になることを望まないことが多いところ、それでは「技能」の伝承が絶えてしまうので、優秀な部下を確実に昇任させ、「素晴らしい職人には広域技能指導官まで登り詰めてもらう」ようにするのが、管理職の腕の見せ所です（が、技能の流出を嫌がって、他県への派遣等を出し惜しみするショボい管理職もいるとか）。

「婦警」はダメです、「女警」です

女性警察官自身にはこだわりがないが……

私が警察に入ったときは、まだナチュラルに「婦警」という言葉が使えたのですが、気が付いたらそれはNGワードになっていました。さすがに「婦人警察官」は、拝命当時もクラシックな感じがしたので使いませんでしたが、その略称の「婦警」はこなれすぎていて――しかも当の婦警さんたちからも特段の異議申立てがなかったので、しばらくは「婦警」で通していたのです。ただ公用文を作成する際などに面倒なので（用字用語に厳しい）、いつしか無理矢理、脳内辞書を書き換えることになりました。

調べてみれば、なんでも平成11年の、いわゆる男女雇用機会均等法の改正が改称のきっかけだとか。私の中では、それを明確に意識したことはありません。「何だか、いつの間にかうるさいことになったなあ」というのがホンネです（今思い出してみれば、内閣府と一緒に女性警察官に関するアンケートをとったとき、先方からかなり執拗《しつよう》な添削が入ってウンザリしたことがあったような……）。結局、退官するまで「女警」「女警」という言葉には抵抗がありました。まあこれは、シンプルに慣れの問題に過ぎないのかも知れません。

さてその婦警改め女警ですが、もちろん身分・処遇・職務・権限は男性警察官と何ら変わりません。男性警察官にはできるが女性警察官にはできない——といった仕事は、物理的にどうかは別論、理論的には存在しません。ただその昔は、というか私が交番勤務をさせてもらった時代では、交番の「婦警さん」は、拳銃を携帯できませんでした。「男性警察官より物理力に劣るから、拳銃の強奪リスクが高くなる」といった理由からです。ただ、しばらくすると、当たり前といえば当たり前の反論が出てきて——すなわち「男性警察官より物理力に劣るから、拳銃で武装し、補う必要があるだろう」という反論ですが——これが警察庁でも主流派になり、今では女警が拳銃を携帯するのは当然、となりました。これは、交番なり街頭なりで観察していただければ分かるとおりです（なお、女性警察官はそもそも頑強な外見をしているか、あるいは見た目より遥《はる》かに頑強であることが多いので、強奪しようなどと思うと、激しく痛い目に遭《あ》います）。

女性警察官の割合・活躍

また、女警には女警にしかできない仕事があります。例えば女性の身体のガサは、女警の立会を置くべきで、あるいは女性の身体検査は（ガサと身体検査は別です）、女警の立会が不可欠です。はたまた薬物事犯だと、女性の採尿が必要となることもありますので、このときも女性警察官は活躍できます。まして痴漢（条例違反や強制わいせつ）、強制性交といった性犯罪の被害女性は、男性警察官より女性警察官に被害者調書を巻いてほしいでしょうし、その他の諸々《もろもろ》の――時として緊急を要する――サポートを受けたいでしょう。また、ちょっと観点が違いますが、尾行（追及）などのとき、女警がいればオペレーションの幅が広がりますし、これはSPが警衛警護をするときも同様だと思います。

さらに、女性警察官が具体的に働く職域というか専門分野も、昔に比べれば広がっています。かなり昔は、「婦警なら交番か交通（だけ）」というオキテがあったのですが、既に私が拝命した頃、女性の刑事はめずらしくありませんでした。その後、例えばいよいよ機動隊にも女警が登用されるようになり、むしろ男性警察官の方が、「女警がいると機動隊バスの中で屁もしかねる」と恥ずかしがっているとの話も聞きました。

ここでデータ的なものを挙げると、我が国においては、平成30年4月1日現在で、全国の都道府県警察の――だから現場の警察官の「9・4％」が女警です。ところが、ほぼ10年前の平成21年4月1日の数字だと、なんとこの割合は「5・6％」に過ぎなかったそうで、これすなわち、ここ10年弱で「女警率」が相当な伸びを示していることが分かります。ちなみに新任巡査について見ると（平成29年度）、女警の割合はなんと17・8％だとか。要は、一昨年新たに採用された警察官の10人に2人弱は女警ということですから、これは私の世代からするとビックリです。

最後に、女警の昇任についてですが、最近は女性警部なんて特にめずらしくなくなりました（警部は最初の管理職でしたね）。女性警視も、大規模県ではめずらしくありません。例えば女性管理官とか、女性警察署長がどんどん生まれているわけです。小規模県でも、最近よく「初の女性警視誕生」「初の女性署長誕生」「初の女性所属長誕生」といったニュースを見掛けるようになりました。よいことだと思います。

ただ、手放しで喜んでもいられません。警察は役所ですから、予算に限りがあります。これすなわち、女性用の更衣室とか、女性用の仮眠室とか（警察官には泊まりがありますよね）、あるいは女性専用トイレとかの整備が、必ずしも十分とは言い難い——特に交番レベルでは十分とは言い難いといった問題があります。はたまた、そうしたインフラ不足を反映してか、男性警察官による女性警察官へのセクハラ、あるいは盗撮・のぞき等の非違《ひい》行為がなかなかなくなりません（なんとまあ）。ニュースを視るたびに、女警が安心して働ける環境づくりが気になります。必ずしも他人事ではないので……

やっちまったかな……「ゴンゾウ」

不良警察官——どんな不良？

ゴンゾウ、というのは業界用語で、しかも頻出《ひんしゅつ》用語です。

ところが、その意味を説明しようとするとなかなか難しく……あえて一言で表現するなら「不良警察官」でしょうか。ただ、学校の不良にもいろいろなタイプがいますよね。

業界用語でゴンゾウといったとき——「彼奴《あいつ》はゴンゾウだ」「どうしようもないゴンゾウだ」「ゴンゾウだから仕方ねえ」といった感じで使いますが——そこには様々なニュアンスが込められています。最大公約数を挙げるとするなら、①仕事をしない／仕事ができない、②にもかかわらず態度がでかい／虚勢を張る、③口だけは達者である／ちゃんちゃらおかしい屁理屈を並べる、④新しいことを覚えようとしない／タスクから逃げる——といった諸特徴を備えているのがゴンゾウです（経験則ではそう思います）。

さて、警察は「警察一家」と呼ばれるように、極めて閉じた部分社会ですから、キレイな言葉でいえばチームワークが大事です。もう少し正確にいえば人の和が重視されます。ぶっちゃけていえば、警察の文化なり掟《おきて》なりに叛逆《はんぎゃく》する輩《やから》は、どのようなかたちであれ排除されます。

しかも、警察一家は階級社会・封建社会ですから、下の者の上に対する気働きが何より重要ですし、上下関係がなくとも「誰もが嫌がるタスクほど率先して引き受ける」、「漢《おとこ》を見せる」(性差別になるといけませんので「女を見せる」でも全くかまいません)、「腰を引かない」、「吐いた唾《つば》は飲み込まない」といった「一歩前へ!!」の態度が美徳とされます(同僚間でもそうなのですから、上に恥を掻かせるなどは以《もっ》ての外《ほか》です)。

ゴンゾウが生まれるプロセス

ここで、例えば私が極めて仕事のできない警察官だとすると——それにもかかわらず「やらせてください!!」「教えてください!!」「勉強になります!!」「もう一度お願いします!!」といった、スポ根マンガ的「食いつき」「前傾姿勢」を見せることが極めて重要で、上司も同僚もそれをずっと見ています。これを裏から言えば、「黙って傍観している」「教えを請おうとしない」「自分から学ぶ姿勢がない」「積極性も根性もない」といった態度がいちばん嫌われます。

まあ、これは警察に限らず、例えば伝統芸能の世界では同様の傾向が見られると思いますが……そして警察官は、こんな御節介《おせっかい》焼きな商売を選んでいる以上、多かれ少なかれ世話焼きが好きです。教えるのも語るのも、嫌いではありません。よって、「仕事ができない警察官」と「仕事ができる警察官」の歯車が、スポ根マンガ的に上手く嚙み合えば、スキルの伝承教養が始まり――**キョウヨウ**は業界用語です――まあ四方丸く収まる。とりわけ、仕事ができないのが若手警察官の場合は、四方丸く収まる可能性の方が高いでしょう。素直ですから。

ところが……

右にいう食いつき、すなわち積極性も根性も見せず、だから伝承教養を受ける機会を逃し（たぶんハブられて無視されたのでしょう）、そのまま10年、15年、あるいは20年と過ごしてしまった警察官は……スキルがないので、交番以外の、例えば私服刑事に登用されることはありません。この場合、刑事ギルドの側で「お断り」なので。すると例えば、甲署のA交番→甲署のB交番→乙署のC交番→丙署のD交番→丁署のE交番……と、交番部門だけで警察官人生を過ごすことになる。これがまた、初動活動以外のスキルを磨けないことにつながるので、ますます刑事等への身分換えができなくなる。すると、「なんとな～く交番の仕事はできるが、やる気を失ってかなりいい加減で、組織からの冷たい目も解っているので、グレてしまって新しいスキルを覚えようとしない、最近の法改正などにはとんと疎《うと》い、そのくせ新人には御大層《ごたいそう》な説教や人生論を一席ぶっては悦《えつ》に入《い》っている」という職業人格が形成されます。ここで、前々頁の①～④を再び見てください。そうです、立派な**ゴンゾウ**が完成するわけです。なお、今は交番警察官の例を挙げましたが、私服刑事にも**ゴンゾウ**はいますし（様々な挫折《ざせつ》ポイントがあるので……）、また刑事に限らずどの部門にも**ゴンゾウ**はいます。**ゴンゾウ**には昇任意欲（勉学意欲）もありませんので、名誉巡査である巡査長か、巡査部長であることが多いです。

ゴンゾウの処遇と生き様

　周囲が助けてあげればいいのに……と思われるかも知れませんが、警察官は元々「正義」「漢気《おとこぎ》（女気）」にセンシティヴなので（だからこの商売を選んでいます）、自分から道を外れてふて腐れているような奴は、怒りと排除の対象になりこそすれ、まさか仲間でも救済の対象でもないのです。もはや「警察一家」の家族ではないのです。ゆえに、管理職も人事部門も**ゴンゾウ**を厳しく扱い、何回も何回も個々面接を組み、反省文や始末書を書かせ、時にガンガンに気合いを入れます。それでも「警察一家」に戻る気がないとなれば、あまり本には書けませんが、かなりえげつない――自業自得ではあるものの――人事をされることもあります。ここで警察官は公務員ですから、身分保障があり、ただ「**ゴンゾウ**である」というだけではまさか辞めさせられません（最終兵器としての「分限《ぶんげん》処分」なるものによって免職させられますが、これはおいそれとは使えない伝家の宝刀です）。ゆえに、そのえげつない人事というのは、まあ、違法不当には絶対にわたらない範囲の、それは筆舌に尽くしがたい、特訓的な……

　しかし世の中には筋金入りの**ゴンゾウ**もいて、管理職なり人事部門なりのあらゆる措置に耐え抜いてしまうことがあります。そのような**ゴンゾウ**は**サバイバー**と呼ばれ、そこまでになると、怒りの対象というよりは、ある種の敬意の対象にすらなります。「ああまでなったら逆にすごいもんだ」という感じで、あまり嫌味のない笑いのネタになります。

第3章　セクションが分かる
——警察組織に関する言葉

「警察庁」「検察庁」「警視庁」……？

やはり警察ネタの鉄板

既に述べた「巡査長」の話同様、警察通というか、もうお詳しい方にとっては定番の論点でありネタです。「ケイサツチョウ」「ケンサツチョウ」「ケイシチョウ」、似たようなものが存在していて、しかも犯罪に関する報道等ではナチュラルに出てくる。私もニュース等を聞いているとき、アナウンサーさんの発音があまりクリアでないと、一瞬意味をとらえ損ねて「ん？」「えっ？」となったりします。特に警察に興味のない方であれば、全く意味不明になってしまうこともあるでしょう。

そこでこの鉄板ネタ、とりわけ「警察庁と警視庁はどう違う？」について述べれば――まずカンタンなのは「警視庁」です。これは東京都警察、あるいは東京都警察本部のことです。大阪に大阪府警察があり（大阪府警）、鹿児島県に鹿児島県警察（鹿児島県警）があり、北海道に北海道警察（北海道警）があるように、東京にも東京都警察が置かれています。先に軽く触れましたが、これらは全て独立した会社で、それぞれの都道府県を縄張りとし、それぞれの経営判断で警察の仕事を――代表的には捜査を――します。ここで、大阪府警察を例にとれば、独立した会社の本社として「大阪府警察本部」があり、その支店として大阪府の各警察署があり、その出張所として大阪府の各交番・駐在所があります。この組立ては、右の鹿児島県警察、北海道警察でも一緒ですし、全国どこの都道府県警察でも一緒です。すなわち東京都でも、独立した会社の本社として東京都警察本部があり、その支店として東京都の各警察署があり、その出張所として東京都の各交番・駐在所があるわけです。

ところが、東京都だけにかぎって、その組織のことを「東京都警察」とはいわないし、本社のことを「東京都警察本部」とはいいません。その概念のことを、「警視庁」と呼びます。これは伝統というか、歴史的経緯によるというか、ならわしとしかいいようがありません。まあ確かに、日本警察47本社の中で警視庁は別格の5万人組織ですし、実は日本警察の中でいちばんの歴史を有する名門ですし、なにより世界的大都市であり我が国の首都でもある東京を縄張りとする、いってみれば国の顔ともなる組織です（東京都の組織であることはもう一度念押ししておきますが……）。そんなこんなで、東京都警察のことだけは、東京都警察と呼ばず警視庁という名誉称号的なものを使うんだ、ととらえていただければと思います。

国の組織と自治体の組織

他方で、「警察庁」というのは国の警察です。右に述べた、独立した47の警察会社とはまた違います。そして我が国では、捜査であれ、許認可といった役所仕事であれ（警察の役所仕事としては、解りやすいのだと有名な「道路使用許可」の許認可とか、「運転免許」の許認可とか、「拾得物」の取り扱いなどがありますね）、全ては47の警察会社それぞれがそれぞれの経営判断で行うことになっていて、国の警察というのが必ずしも必要なわけではありません。警察の職務執行は、全て47の警察会社の社員である現場警察官によって行われます。国の警察官には、原則、何の職務執行をする権限もありません。解りやすく言えば、霞が関にある「警察庁」（国の組織）のビル内で殺人事件が起きたとすると、そこには警察庁警察官（国の警察官）がウジャウジャいるのに、誰もその捜査をすることができないわけです。この場合、隣に建っている「警視庁」（東京都警察）の警察官がわざわざやってきて、捜査その他の必要な警察措置を講じることになります。ならば、何故職務執行もできない「国の警察」「国の警察官」が存在するかというと、ひらたくいえば「各都道府県の47の警察会社をアシストするため」「47の警察会社を調整するため」「みんなで協力しなければならないなどの一定の限られた場合に、47の警察会社を指揮するため」「47の警察会社の代弁者として、国の各省庁といろいろ折衝《せっしょう》をしたりするため」――ととらえてください。まとめると、国の組織である「警察庁」というのは、自分の現場を持たず、自分で職務執行もしないけれど、職務執行をする警察官たちをアシストしたり、一定の範囲で指揮したりする御節介《おせっかい》焼き、ということになります（かなりザクッと言っていますが)。

最後に、「検察庁」とは何か。まずこれは「警察一家」とは別のファミリーだととらえてください。警察庁と警視庁は、国と都道府県という違いはあれ、同じ警察一家の構成員です。しかし検察庁は違います。検察庁は法務省の組織です。また警察一家とはその役割を大きく異《こと》にします。解りやすく特徴的な違いだけ述べると、事件があったとき、捜査をするのはほとんどが警察一家です。そして被疑者が判明したとき、それを「起訴」して、刑事裁判で弁護士とバトルをして、裁判所に確定有罪判決を出してもらうためのプレゼンをするのが検察庁の役割です。細かいことは次項に譲ると、検察庁とは、警察の捜査を受け、その後の起訴なり公判の維持なりを担当する役所です。また警察一家とは異なり、その全てが国の組織です。すなわち警察一家だと、警視庁は東京の組織で東京で活動をするもの、福岡県警察は福岡県の組織で福岡で活動をするものですが、検察庁は、東京地検であろうと大阪地検であろうとさいたま地検であろうと、全て国の組織となります。

「刑事」と「検事」

事件における役割の違い

この章は組織を説明する章ですが、前項だけだとちょっと解りにくいので、やはり似たような言葉の組合せを例にとり、「検察庁」と例えば「警視庁」、すなわち検察と警察の違いに触れておきましょう。ニュースでも「ケンジ」と「ケイジ」がちらほら出てきて、これまたアナウンサーの発音次第では、「ん?」と疑問を感じることがあります。

ただ「刑事」についてはもう説明しましたね。主として、私服の捜査員です。もちろん警察官です。だから、前項で見たとおり、47の警察会社のどこかに所属する警察官です。この「刑事」が、第1章で見たような逮捕なりガサなり検証なり実況見分なり取調べなり……諸々《もろもろ》の捜査をする。この「捜査をする」のは、犯罪の証拠を収集・確保するためです。証拠を集めるのは、刑事裁判で確定有罪判決をゲットするためです。ところが、「刑事」自身には、刑事裁判を求める権利もなければ、そこで裁判官にプレゼンをしたり、弁護士とバトルしたりする権利がありません。全くありません。そのような権利を持っているのは、司法試験をパスしたエリートである「検事」(検察官)だけです。

ゆえに、ほとんどの捜査については、どこかの局面で、刑事から検事に、事件のバトンタッチをする必要があります。どこかの局面というのは、もちろん犯罪の証拠が十分に収集・確保できて、「これなら刑事裁判で勝てる」という判断ができた局面ですが、法令でタイムリミットが定められていることもあります。いずれにしろ、捜査は犯人に罰を受けてもらうために（その効果として、被害者の被害感情が――ある程度――癒《い》やされ宥《なだ》められるのはもちろんですが）行うので、罰を受けてもらうためには刑事裁判を求めなければならず、それができるのは検事だけなので、ゆえに事件処理の「主役」が、どこかの局面で、刑事から検事に変わるわけです。

事件における役割の入り混じり

ただ、以上はとても端折《はしょ》った説明でして、幾つかの注意点があります。

まず、バトンタッチとか主役交代とかいっても、それまで刑事と検事は全く関係を持たないわけではないということ。それはそうです。検事は、自分自身で刑事裁判を勝ち抜かなければなりませんから、「どんな証拠がそろっているのか？」「どんな証拠が足りないのか？」「この証拠で十分な証明ができるか？」は、理論的には事件の最初の最初から気になるところです。

そしてその証拠を集めるのは、主として刑事の側です。となると、担当となった／なるであろう検事としては、やはり担当刑事と連絡・調整を密にして、刑事裁判で勝つ観点から、あれこれ助言をしなければなりません――最後は自分の宿題になりますからね。ところが既に述べたとおり、警察一家と検察庁はファミリーが違います。そして役所どうしでは、どちらが格上だとか、どちらが格下だとかいうことは（法令上は）ありません。すなわち警察と検察、刑事と検事は対等です。ゆえに右では「連絡」「調整」「助言」という、やんわりソフトな言葉を使いました。ただ平均的な刑事の意識でいえば、検事はやはり刑訴法等のプロですし、司法試験を通ったエリートでもあります。それゆえ、「ちょっと上から目線の、ちょっとやかましい先生」といった感想を抱きますし、ガラッパチの刑事であれば、「またあの若僧、捜査のイロハも知らんのにうるせえなあ」と公言するかも知れません（優しい刑事であれば、「検事さんに指揮してもらいました」「御指導ありがとうございます」等となる）。いずれにしろ、捜査段階において既に、刑事と検事は密な関係を持ちます。まさか、起訴までは無縁――という関係ではありません。

注意点の2として、検事は起訴や刑事裁判におけるプレゼンを担当する役割を持ちますが、といって「自分自身でも捜査ができる」ことが挙げられます。最近では、日産のカルロス・ゴーン被告の事件が東京地検特捜部によって摘発されていますが、それ以外でも、政治家の贈収賄とか、大規模な企業犯罪とかで、東京地検特捜部とか大阪地検特捜部とかが自ら捜査をしているのは、よく報道されますね。このとき、検事は自ら捜査官としての——いわば自ら刑事としての役割を担っています。これは、そうした特捜部だけに限られません。どの検察官でも、いわば自ら刑事の役割を担えます。ただし、警察一家と比べて、検察庁は（検事は）圧倒的に数が少ないですし、刑事裁判の仕事だけでもとてもいそがしいし、例えば「鑑識活動」「検視」「科学捜査」、はたまたもっとシンプルな例としては「尾行」「張り込み」といった分野だと、まあ特殊なスキル・施設が必要なこともありますので（まさか全ての検事にそんなスキルがあるわけではないし、それを求めるのも合理的ではない）、日本においては、捜査の大部分は警察一家によって行われています。

「現場」ってどこだろう?

どこからが「会議室」で、どこからが「現場」か

私の世代だと、ゲンバという言葉を聞けば反射的に「事件は会議室で起きてるんじゃない!!現場で起きてるんだ!!」とか言いたくなってしまいますが、よくよく考えてみると、警察における「現場」というのはどこだろうか——というのはおもしろいトピックです。というのも、

そこにはまあ、なんというか「相対性理論」が働くからです。

すなわち、観測者の視点によって現場がどこかは変わる。

ここで、我が国警察の組織なり構造なりをもう一度ふりかえると、それは単純化すれば、

警察庁−都道府県警察本部−警察署−交番・駐在所

となりますね（なお、警察庁が都道府県警察に何でも命令できるわけではないのは既述のとおりです。47の都道府県警察は独立経営をする会社だからです）。するとまず、やっぱりいちばん大きな「現場」と「会議室」の境目《さかいめ》は、警察庁と都道府県警察の間にあります。なんといっても、実際に警察の職務執行をするのは都道府県警察ですから。警察庁は、その実際上の／実務上の影響力はともかくとして、自分で警察の職務執行をすることができない、いわば頭脳集団ですから。そうすると、47の都道府県警察に勤務している警察官からすれば、その警察官が警察本部勤めであろうと警察署勤めであろうと交番勤めであろうと、「自分たちのいるところ＝現場」であって、警察庁というのは現場から遠いところ、警察庁の警察官というのは会議室で怪しげな陰謀を練っているところ（？）となります。

ところが、視点を「警察署」に置いてみると……

警察署というのは、いわば支店です。例えば警視庁——東京都警察だと、本社・本店は警視庁（霞が関にある警察本部）で、その下の新宿警察署とか、渋谷警察署とか、武蔵野警察署と

いったものは、支店です。そして支店は、これは民間企業でも全く一緒だと思いますが、本社の厳しい業務管理を受けます。厳しい監査も受けますし（警察では監査とはいいませんが）、日常的にも叱咤《しった》激励《げきれい》の、あるいは激怒の警察電話はじゃんじゃん架かってきます。さすがに支店長——警察署長は一国一城の主《あるじ》で、歴史的ステイタスがありますので、警察署長を怒鳴りつけるようなケースは極めて稀《まれ》ですが、副署長以下ならどんな罵詈《ばり》雑言《ぞうごん》をあびせられても全く不思議ではありません。アレヤレコレヤレ、イマヤレスグヤレ、ナゼデキナイ……といった奴です。そしてそうした叱咤激励をしてくるのは、警察庁ではありません、本社である警察本部です。それはそうです。アレヤレコレヤレというその仕事の中身は、警察官による職務執行で、それは基本、警察庁が口出ししないことですから。すると必然的に、警察本部がガンガン気合いを入れるものとなる。このとき、支店の——警察署の警察官からすれば、「また文句言ってきた。現場の実態も知らないのに!!」「自分だって現場にいたくせに、本店に異動したらガラッと態度を変えやがって!!」といった感想を抱くことになる。すなわちこのとき、「現場」とは警察署で、その警察署にしてみれば、今度は警察本部こそ「会議室でエクセルシートを睨《にら》みながら、どう警察署をイビリ抜くか陰謀を練っているところ」となります。

視点の置き方と「現場指向」

また同様に、今度は視点を「交番」に置いてみると……

話はほとんど同様です。交番は出張所です。支店に置かれた出張所です。そして、警察の職務執行のうち、最初のステージについては、ありとあらゆることを、24時間態勢でこなさなければならない出張所です。また、警察署とはそれなりに離れたところにありますし、だからあまり警察署との一体感はないですし、どのような事件についても真っ先に第一臨場するという意味で、文字どおりの「現場」にいちばん近い。雨の日も雪の日も、台風の日も酷暑の日も、警察本部なり警察署なりの無線指令を受けて、すぐさま「現場」に駆けつけなければならないのは交番の警察官です。時に右往左往させられますし、転進、転進、また転進で食事もとれないということもあります。そうすると、やはり交番の警察官としては、「地べたを這《は》いずり回っているのは俺たちだ」「警察署の連中は暖かいオフィスで椅子を磨いているだけだ」という感覚を持ちかねない。すなわちこのとき、「現場」とは交番であり、あるいは交番の警察官が臨場する事件事故の現場であり、よって警察署も警察本部も、会議室というかデスクワークの場所だ——ということになります。

このように、現場現場、とひとくちに言っても、どこの、誰の視点を採用するかでその意味は変わりますし、だから「現場と会議室の対立」というのも、様々なパターン／組合せをとります。いずれにしろ言えることは、どの警察官も基本的には「自分は現場の人間」「現場にこそ身を置きたい」と考えており、これは何と警察庁の警察官についても一緒だということです。まあそこは人によりますが、いかにもな管理部門よりは、より都道府県警察の現場と密着しているセクションが、よりおもしろく、かつ、悩まされる所属です。その悩みもまた、ある意味では楽しいものです（例えば、国会答弁を作成したり、他の役所と紙爆弾を投げ合っているよりは）。

知名度ゼロかも、「管区警察局」

警察庁の出先機関

読者の方で、「管区警察局」を訪れたことがある人は、たぶんいないと思います。この名称を聞いたことがある人も、ほとんどいないでしょう。ただまあ、「管区警察局」というからには警察一家の組織なんだろうなあ――というイメージは作っていただけると思います。

さてこの「管区警察局」というのは、これまでの流れにしたがって説明をすると、まず国の警察です。具体的には、警察庁の一部といえます。警察庁は霞が関官庁街にありますが（東京都警察である警視庁もその官庁街にあるので、これがまた誤解のタネになるのですが……）、実は地方にもオフィスというか出先機関を持っていて、それがこの「管区警察局」となります。警察庁の出先オフィスですから、都道府県の、47警察会社とは系統が違います。また警察庁の出先オフィスですから、やはり、警察としての職務執行は一切行いません。そこにいるのは階級を持つ警察官ですが――警察庁警察官ですが、先に述べたとおり、警察庁警察官には職務執行の権限はありません。

では、「管区警察局」は何をやっているかというと……

すごくザックリいえば、その縄張り内における、47警察会社の連絡調整をやっています。管区警察局には、東北管区警察局、関東管区警察局、中部管区警察局、近畿管区警察局、中国管区警察局、四国管区警察局、九州管区警察局があり、それぞれ、例えば四国管区警察局であれば香川県・徳島県・愛媛県・高知県を担当しています。

実際に自分では警察の職務執行をしないので、警察庁同様、担当する各県をサポートするというか、アシストするかたちになります。はたまた、担当する各県の監察を行ったりもしますし、管区警察局は自分の学校を持っていますから、そこで担当する各県の警察官の**キョウヨウ**を開催したりもします。あるいは、県をまたぐ広域的な事件とか、広域的な交通規制について担当する各県を指導したり、大規模災害が発生したときは――それはもう必然的に広域的な対応が求められますから——担当する各県を調整して危機管理の万全を期したりもします。そのための訓練も開催したりします。

実態論としては……

いささかキレイゴトに流れた感もありますので、もっとしみじみした話をすれば、統計とか調査ものとかで、全国警察の実態を把握しなければならなくなったとき、警察庁が直接、全国警察にいわば聴き取りをしても全然問題はないのですが、まあ、ちょっといそがしすぎるとか、ある程度分業してほしいとか、そう思ったときは、管区警察局にお願いして、それぞれが担当する県については、資料をとりまとめて作成してもらったりもします。はたまた、これだけメール等が発達した御時世《ごじせい》ながら、警察ではどうしても口頭で伝達しなければならない指示事項などが（絶対に書面化できない指示事項などが）存在するところ……事情によってはセキュリティ対策を万全に施したブリーフケース等を持った「特使」を各県に派遣することもあるくらい……さすがに警察庁の担当官が1人で47都道府県に同じことを電話するのは大変ですから（やったことはあります）、中継として管区警察局を挟めば、47回の警察電話は7回＋2回ですむわけです（残りの「2回」とは、警視庁と北海道警察です。これは雑学中の雑学ですが、警視庁と北海道警察は、どの管区警察局の担当にも置かれず、独立しています）。

しかしながら、情報通信技術が未発達だった――せいぜい固定電話とFAXが使えるだけだった時代と異なり、今では、警察庁と47都道府県警察とが瞬時に大量の情報をやりとりできますから、なんというか、右のような「しみじみする話」の出番は、私が駆け出しだった頃に比べれば、ほとんどないのではないかと。そうすると、まあ、国の公務員というのは厳しく定員管理されますから――要はすぐにリストラの対象になりますから――「管区警察局の存在意義」というものが、常に査定部門から問われることになるわけです。

ただ実際、右に見た監察であるとか、広域訓練であるとか、広域調整であるとか、あるいは複数県を対象にした**キョウヨウ**であるとか、そういったものは、なかなか警察庁本庁だけでできるものではなく、また、警察庁本庁は、常に痒《かゆ》いところに手を届かせることができるわけではないので――よって、警察の冗談としてよくいわれる「管区警察局ってのは、あれは閑苦《カンク》警察局だ。ヒマするのが苦痛になるくらい辛いところだ」というのは、まあ極論だと思います。

都道府県警察の現業部門

警察にもある、現業と管理の別

実際に警察の職務執行をするのは都道府県警察だ、と繰り返していますが、その都道府県警察も──例えば警視庁、大阪府警察、鳥取県警察も──やはり会社ですから、実際に職務執行をして売上をあげてゆく現業部門と、それらを管理する管理部門に分かれます。民間企業にも、総務とか人事とか経理とかいった管理部門があり、そこは組織のロジスティックスを担当し、それ以外に、実際に営業とか販売とか製造とか輸送とか接客とか広告宣伝とか研究開発とか……を担当する、まあ現業部門が置かれていますよね。その仕組みは警察でも変わりません。ここではまず、警察の現業部門を説明します。

さて、警察のミッションは「個人の生命、身体及び財産の保護」＋「公共の安全と秩序の維持」です。これがまあ、会社の使命というか目的ですね。そして警察は、このミッションを、主として4ジャンルに分類しています。それは、理論的な分類というより、ひょっとしたら戦前から続く、歴史的な分類です。

その4ジャンル──警察の4現業は、①「生活安全」（**セイアン**／**ナマヤス**）、②「刑事」（**ジ**）、③「交通」、④「警備」（**ビ**、**ハム**）です。これに、5現業めとして「情報通信」（**ジョウツウ**）を加えることもありますが、実は情報通信は国が一括管理しているので、ここで見る「都道府県警察の現業部門」としては、触れません。

この4現業というか、主要4ジャンルは、47の都道府県警察のどこでも変わりません。というのも、警察の憲法ともいえる警察法が、歴史的な経緯を追認するかたちで、「この分類によって組織づくりをしなさい」——と規定しているからです。ゆえに、この本をお読みいただいている読者の方が、自分のいる都道府県の警察の組織図をネットで検索すれば、どの都道府県におられようと、どこでも一緒の、この4現業によってタテワリされている組織図が目に入るはずです。また、このタテワリの仕方は、本社たる警察本部であっても、支店たる警察署であっても変わりません。具体的には、例えば本社には生活安全部なる部があり、また刑事部なる部があり、対して警察署にはそれに対応するかたちで、生活安全課という課があり、また刑事課という課があるわけです。

4現業の切り分け／タテワリの「分類の方針」は、主として「対象とする犯罪によってセクションを分ける」というものです。ゆえに例えば、「刑事部門」は刑法犯の取締りを担当しますし、「生活安全部門」は刑法犯ではない特別法犯の取締りを担当します。「交通部門」は主として道路交通法違反の指導取締りを担当しますし、「警備部門」はテロ・ゲリラの取締りを担当します。要するに、「どのタイプの犯罪を捜査するか」によって、ジャンルを区分しているわけです。

縦割りのギルド——捜査も行政も

しかしながら、警察の仕事というのは何も捜査にかぎられません。あまりにささやかではありますが、他の役所同様、警察も業界を持っていますし――警備業、探偵業、古物営業・質屋営業、風俗営業、性風俗関連特殊営業など――ゆえに許認可・規制の仕事がありますし、また業界といわずとも、一般の市民に対する許認可の仕事もあります（既述の道路使用許可、運転免許など）。そういった許認可でなくとも、例えば「相談業務」は近時とても重要な仕事です し（これはもちろん捜査ではありませんよね）、「交通規制」もあれば「拾得物の取扱い」もあります。はたまた、暴力団に対しては捜査のみならず様々な規制をかけますし、近時ではストーカー規制法によって、一定の一般人に規制をかけることもできます（これらもまた、行政的な措置で、捜査そのものではありません）。

こうした「行政仕事」も、右の4現業、4ジャンルのどこかに落とし込まれ、4現業のどこかが担当することになります。具体的にどこが何を担当しているかは、ネットで各都道府県警察の組織規則・組織規程といったものを検索してみればズラズラッと出てきますし、一般論として概略をつかむとすれば、警察法・警察庁組織令といった法令を検索してみればすぐにズラズラッと出てきます。

いずれにしろ、「生安」「刑事」「交通」「警備」は、それぞれ重要な捜査・行政事務を担当するセクションです。ゆえに、交番に配属された新任巡査なり若手巡査なりは、これらのプロフエッショナル集団に――あるいはギルドに入るべく、日々の勤務を通じ、自分のスキルを磨いてゆくことになります。ここで、それぞれのギルドが求める技能・スキルはかなり違いますから――捜査書類が書けるなんていうのはどこでも求められますが――新任巡査くんが意欲的であれば、例えば「俺は将来生安に入りたいから、DVやストーカーを頑張ろう」「少年事犯をたくさん手掛けて、生安部門にアピールしよう」と考えるはずです。

エリートコース？「総務」「警務」

独特の概念、総警務

私はアルバイト以外で民間に勤めたことがないのですが、やはり、組織の舵取《かじと》りをする企画部門とか、お財布を握っている経理部門とか、人事権のある人事部門となると、優秀な人材が配置される、いわゆるエリートコースなのではないかと拝察します。

それは警察においてもほとんど一緒で、やはり管理部門は、現業部門より感覚的に一段上です。もちろん法令上はそのようなことはないのですが、とはいえ「ヒト」「モノ」「カネ」「組織」を動かすセクションというのは、実際上、かなりの権力を持ちます。それはやはり、そこに最終的な査定権があるからです。

さて、警察における管理部門は、現業部門の「生安」「刑事」「交通」「警備」に対比していえば、「総務」と「警務」(ケイム)です。管理部門全体を指して「総警務」(ソウケイム)といったりもします。大規模県だと、警察本部に総務部と警務部の両方があります。中小規模県だと、総務部がなく、警務部と総務室が置かれるのが一般です。ちなみに警察庁は例外的で、名称というか概念としては総務しかありません(長官官房)。ただこれは、昔のリストラで警務局という局がスクラップされたからで、警務部門そのものがないわけではありません。

「総務」と「警務」の違いは、仕事の中身の違いです。一般的には、総務部門は秘書とか、渉外《しょうがい》とか、広報とか、会計とか、留置とか、取調べ監督とか(トリカン)、情報公開とか、苦情とか、議会関係とか、公安委員会関係とかいったものを担当します。他方で警務部門は、人事、監察、福利厚生、教養(キョウヨウ)、組織づくり、組織の運営とかいったものを担当します。

管理部門に配置される者とは

いずれも極めて重要な部門なので、やはり優秀な警察官が配置されます。ということは、裏から言えば、新任巡査がいきなり総警務に配置されるというのは、とりわけ警察本部についていえば、あり得ません。イメージとしては、それぞれの現業部門で確実に実績を積み、それぞれの現業部門で「エース」「所属長候補」「役員にしたい」といった評価を受けた警察官が、総警務に修業に出される感じです（管理部門の経験は、警視や警視正になったとき必ず活きます）。ですので、総警務そのものが自分の専門分野だ——という警察官は、稀《まれ》です。どこかで泥臭い修業をし、どこかのギルドを本籍地とする警察官が、その優秀さゆえギルドから総警務に推薦され、ギルド代表としてポストを勝ち獲《と》るというのが典型的な「コース」になります（といって、それももちろん人によりまして、私は「専門分野は警務」「警務の経験がいちばん長い」という警察官も、そこそこ知っていますが……）。

そうした事情がありますので、総警務は、各現業からのいわば「出向者」の寄り合い所帯になります。そしてもちろん、各現業の利害関係は一切忘れ、会社全体のためにヒト・モノ・カネ・組織を動かしてゆくのですが……そこはなにぶん「出向者」のこと。異動期が来たら、自分のギルドにまた戻らなければなりません。そうすると、いくら出向中は会社全体のために仕事をしなければならないとはいえ、例えば「刑事部門から警務課に配置された警部が、喫緊《きっきん》の課題である相談業務の充実のため、刑事部門の定員をたくさん削って相談業務に当たる警察官を増員した」となると——それはもう、帰る先がなくなりますよね、本籍地としては怒り心頭でしょうから。となると、この例の警部としては、「ある現業部門の代表選手」という顔と、「現業部門を超越した公平な査定者」としての顔を、よい意味で上手に使い分けなければなりません。これもまた修業になります。

内ゲバ・競争

なお、総警務はこのように、プロパーの人間がいるというよりは、出向者から成る寄り合い所帯なので、具体的に人出しをする各現業は、鵜《う》の目鷹《たか》の目で総警務のポストを獲りにゆきます。国盗り合戦のようなものです。具体的には、例えば「人事調査官」をどこの現業がゲットするか。「会計課長」をどこの現業が奪還するか。「本部長秘書官」はどこの現業に委ねられるか――そこは最終的には社長・副社長の意向によりますが、既得権益あるいは植民地となって久しいポストとかもありますので、そこで隠微《いんび》な内ゲバが展開されることはあります。

あと最後に、なるほど総警務に配置されるのは将来を嘱望《しょくぼう》された警察官ですが、総警務に配置されたからといって、薔薇《ばら》色の未来が待っているというわけでもなければ、現業の経験しかないからといって役員になれないとか、そういった単純明快な文化はありません。警察には階級がありますし、だから昇任試験がありますし、人の性《さが》として閥《ばつ》はありますし、良くも悪くもクセの強い上官は多いですし、「優秀さ」というのは相対的なものですし、ゆえに同期とか出世競争の相手の出方も大きいですし……だからどうしても、出世なり人事なりはギャンブルになります。はたまた、スキャンダルに巻き込まれるとか連座するとか、部下の監督責任を問われることになるとか、そうした警察官人生ゲームの分岐点は多々あります。ですので、総警務で長く勤めたことは、自分の能力も周囲の評価も高めるでしょうが、だからエスカレータで安心……といったことには絶対になりません。

日本の誇り、「交番」「駐在所」

治安のコンビニ

これまでしれっと「出張所」扱いしてきましたが、交番あるいは交番制度というのは、日本が世界に誇ってよいものだと私は考えています。またそう考える人も多く、実際に「交番制度を輸出する」というプロジェクトも、もう遥《はる》か昔から行われています。24時間365日、絶対に閉庁することなく、市民の「警察へのアクセス権」を保障している「治安のコンビニ」は——もう退官したので言えますが——ほんとうに素晴らしいものだと思います。私はフランスで学んでいたことがありますが、恥ずかしながら大晦日《おおみそか》に強盗に遭《あ》った経験がありまして（まあ、遊び歩いているのがよくないですね）、すぐに最寄りの警察署に行って被害申告をしようとしたのですが、「担当者が休みだから3日後に来て～」なんてサラリと言われて、「ああ、市民にとって警察へのアクセス権はいかに重要であることか……」と痛感したものです。閑話休《かんわきゅう》題《だい》。

さて、既にこの本では、交番とは警察署の下部組織であること、交番は主として警部補によって指揮されていること（**ハコチョウ**、**ブロックチョウ**）、そして交番はあらゆる警察事象の初期ステージを担当することについて、ざっと触れました。ここではもう少し、その活動・組織の具体的側面を見てみましょう。

「あらゆる警察事象の初期ステージを担当する」というのは、業界用語でいえば初動活動（**ショドウ**）の全てを担当するということです。「全て」ですから、そこにはジャンルの縛りというか、ジャンルによるある種の保護がありません。すなわち「これは交番の仕事じゃない」という言い訳は成立しません。少なくとも**ショドウ**の範囲においては成立しません。これが例えば警察署の刑事であれば、「そんなのは生安の仕事だろ」「そんなのは警備にやらせておけばいい」という消極的権限争いも可能ですが、交番の警察官には無理です。それが生安・刑事・交通・警備のどのジャンルに属するものであろうと、**ショドウ**の範囲においては、交番の警察官に対処する義務が発生します。言い換えれば、例えば警察署の刑事は「事件の種類」によって仕事を切り分けられているのですが、交番の警察官は、「担当するエリア」によって、そして「それが初動活動かそうでないか」によって、仕事を切り分けられているのです。

交番警察官の「連帯責任」

交番の警察官が担当するエリアは、それぞれの交番の縄張りです。これを所管区、**ショカンク**といいます。**ショカンク**は、例えば吉祥寺駅前交番――そんなものはありませんが――であれば、「○○町何丁目から何丁目、××町何丁目から何丁目……」というかたちで地理的に示され、ゆえに地図でカンタンに視覚化できます。かりにそれを蛍光ペンで塗るとすると、塗った縄張り全体について、吉祥寺駅前交番に配置された警察官のすべてが、治安の連帯責任を負います。これを所管区責任といいます。先に、交番は交替制で運用されることを説明しましたが――ゆえにこの吉祥寺駅前交番にも泊まりの日を異にする複数のチームが配置されることになるのですが――その泊まりの日にかかわらず、またチームの別にかかわらず、配置された全員が、常に治安の連帯責任を負っているのです（嫌な言い方をすれば、ミスがあったら一蓮托《いちれんたく》生《しょう》で処分を受けることになります……まあ実際には、そこまで厳格には「連帯」されませんが）。

これを個々の警察官について見ると、個々の警察官は警察官で、受持区、**ウケモチク**という縄張りを持っています。蛍光ペンで塗った**ショカンク**の部分が、また配置人数分、細分化されるわけです。仮にそれを、網掛けするとしましょう。するとA警察官は、自分が網掛けをしたエリアで、まあ家庭訪問をしたり、振り込め詐欺の警戒を呼びかけたりすることになります。

A警察官は、**ウケモチク**について受持責任を負っていますので、これを網掛けエリアの地域住民の人から見ると、A警察官は「自分の／我が家の担当警察官」ということになります。このように、我が国の全ての世帯・事業所には、必ず担当の警察官がいます。実際には、ほとんど認識されていないでしょうが……

　ここで、A警察官は**ウケモチク**について受持責任を負っていますが、それは「担当警察官である」「何かあったら真っ先に担当する」くらいの意味で、先の連帯責任——所管区責任とはまた別です。すなわちA警察官は、自分の**ウケモチク**だけについて責任を負えばよいというわけではなく、それを超えて、B警察官の**ウケモチク**にも、C警察官の**ウケモチク**にも、それが交番の縄張り——蛍光ペンで塗った**ショカンク**であるかぎり、あらゆる事件事故、あるいは災害について、治安の連帯責任を負います。「自分の**ウケモチク**だけ見ていればよい」となると、交番のマンパワーが十分に発揮できませんし、実際のところ、交番というのはかなりいそがしい施設なので、「そこはお前の受持区」「そこはあいつの受持区」などといって、お互いに協力しないでいることは、物理的に不可能ですから。

一般的にはジェネラリスト

さてこのように、交番の警察官は地理的に厳しい責任を負っていますが、それを内容的に見ると――

交番の警察官が取り扱う仕事とは、先に述べた初動活動、ショドウの範囲に限られますので、具体的には、私服の刑事などが現場臨場するまでの現場保存、交通規制、緊急の救命救護、緊急の鎮圧、ホットな現場での現行犯逮捕や時に緊急逮捕、被害届の作成、あるいはシンプルな事件・軽微な事件における捜査書類の作成（時に、私服よろしく全てを一件処理することもあります）、はたまたシンプルな事件等でなくとも、カンタンな実況見分とかカンタンな参考人調書とかの作成をすることになります。要は、4現業のギルド員の専門知識がなくとも処理できる範囲のことを処理しておくのが、交番の警察官の仕事になります。ゆえに、広く浅く処理できること、現場での緊急対応ができることが重要になります。

このことを裏から言うと、「スペシャリストとはみなされない」ので、最も現場に近いところで活動しているのに、4現業のようにギルドとも専門分野ともみなされません。むしろ、「交番は警察の学校」という表現をされることがあります。警察学校ではお勉強をし、実務は交番で修得する――といったニュアンスです。ゆえに、野心ある若手警察官は、そうした現場臨場で出会った刑事等との御縁《ごえん》を大事にし、あるいは有形無形のアピールをし、何度も目を引いて名前を覚えてもらうかたちで仕事をし、ギルドに引き抜いてもらうことを試みます。

といって、交番の警察官の仕事に専門性が全く必要ないかというと、そんなことはありません。先に技能指導官のところで説明しましたが、例えば「職務質問」というのは高度な技能を要する活動です。高度の専門性と熟練が求められます。どんな刑事でも、交番部門の職質のスペシャリストほどに、職務質問をすることはできません。というか平均的な交番警察官なら、平均的な刑事より職務質問がずっと上手でしょう。ゆえに交番部門でも、その道を極めれば、4現業のギルド員以上のスペシャリストとしての評価が得られます。

駐在所・パトカーと合わせて「地域部門」

なお、「交番」と「駐在所」の違いですが、交番は複数の警察官が――法令上は3人以上、実態論としては2人以上――交替制で運用する出張所、駐在所は1人の警察官が日勤制で――まあ住み込みですが――運用する出張所です。交番は主として都市部に置かれ、駐在所は主として都市部以外の地域に置かれます。役所が「都市部以外の地域」なんてわざわざ言っているのは、「田舎」と言うと叩かれるからです。

大都市圏とか県庁所在地とかに住んでいると、「交番が主流派で、駐在所はどこか遠い所にある」……なんてイメージを抱きがちですが（私は拝命前そう思っていました）、県によっては、極論「県下に交番は1つで、あとは全部駐在所」なんてこともあり得ます。

その駐在所は、いってみれば1人警察署なので、それなりに経験のある／優秀な／マジメな警察官が配置されることになります。住み込みですから、居住部分があり、またその警察官が結婚していれば、奥さんの協力も欠かせません。奥さんは、別項でみた「交番相談員」を、ナチュラルにこなしているようなものです。ゆえにいわゆる「奥さん手当て」なるものも出ます……そのものすごい御労苦に比して、十分かどうかはアレですが……まあ私の上官が予算を獲得するまではそもそもタダ働きを強いていたので、役所も少しは反省したということでしょうか（頑張った上官は立派だと思います）。

最後に、データ的なもの等を概観すると、我が国には約6300の交番と、約6300の駐在所があります――要はほぼ同数ですね。私が拝命した頃は、役所が施設数のデータを1桁まで開示することなどあり得なかったのですが、情報公開についての意識が強まった今では1桁まで開示されていますので、御興味があれば調べてみてください。この交番・駐在所と、やはり制服部門であるパトカーで勤務をする警察官を総称して、「地域警察官」といい、部門としては「地域部門」といいます（いずれも業界用語で**チイキ**）。地域警察官は、全警察官のだいたい40％を占める最大勢力です。雨の日も風の日も雪の日も酷暑の日も、4kg以上の装備品、3kg程度の防護衣をつけて活動している地域警察官に、ぜひエールを送っていただけたらと思います。

「通信指令室」――ゆび令室なんです!!

無線指揮の指令塔

いつの時代も、無線は警察活動の生命線です。なるほど、この御時世《ごじせい》、警察官にも公用携帯や公用スマホが貸与されるようになりましたが（もちろん通話もメールも写真撮影も動画撮影もできますし、スマホとなれば各種照会もできます）、無線の重要性は、相当の技術革新がないかぎり――電脳で通信できるとか？――不変でしょう。というのも、無線は同時に多数の者が情報を共有できますから。一斉送信メールとかでもいいじゃないか、というツッコミは想定されますが、一刻一秒を争うときには打つ方も大変でしょうし、受ける側も何らかの仕事をしているでしょうから、すぐさま開封してくれるとは限らない。電話だと、なるほど三者通話だのそれ以上の者の通話だのができますが、例えば警察署全域、県下全域に情報を行き渡らせるには不向きですよね。またスマホ等となると、システムなりハードなりが高度である分、近時における大規模な通信障害のように、ブラックボックス的な脆弱性をも持ちます。

そんなわけで、制服警察官は今も無線機を携帯していますし、そもそもその無線機に指令を送る「通信指令室」は、とても重要なセクションです。ひったくりが発生したときも、殺人事件が発生したときも、異臭騒ぎが発生したときも、ハロウィンの群衆が暴徒化したときも、あるいは大震災が起こったときも、真っ先に事態を把握し、迅速的確に指揮を行わなければならない——そんな重要なセクションです。

この「通信指令室」は、前述の、地域部門に置かれます。よって制服の、地域警察官によって運用されます。その理由は、地域警察官がショドウに当たる任務を負っているからです。すなわちどのような警察事象であっても、まず現場臨場をし、初動活動を行うのは地域警察官だからです。「地域警察官」ですから、パトカーの警察官も含まれます。また初動活動にとって、あるいは全警察にとって重要な警察用航空機（ヘリ）、警察用船舶の運用も、この通信指令室が行います。

なお、「通信指令室」というのは、「そのような無線指揮をする所属」という概念を示す言葉です。何が言いたいかというと、A県ではこれを「通信指令課」と呼んでいるけれど、B県ではこれをそのまま「通信指令室」と呼んでいることがある——ということです。例えば警視庁では、これは「通信指令本部」というセクションになります。

受理と指令——一一〇番通報を例に

さて通信指令室において重要な業務は、「受理」と「指令」です。受理というのは一一〇番通報の受理です。今では全ての一一〇番通報が、本社の通信指令室に集中して入電するようになったので（昔はそうでもなかったのです……）、読者の方が、まあイタズラは困りますが、仮に一一〇番をプッシュなりタップなりすると、それは必ず本社の——警察本部の通信指令室に入電することとなります。ですので、「はい一一〇番です。事件ですか事故ですか？」と喋っているのは、警察本部の、地域部門の受理担当警察官です。

ちなみに、我が国ではどれだけの一一〇番通報があるかというと、平成29年の数字でいえば約901万件、平成28年の数字だと約909万件です。なお、繰り返しのようになりますが、イタズラとか無言電話とかも相当な数になっていると思いますので（右の数字には入っていません）、24時間勤務でしかも緊張しっぱなしの受理担当警察官をいじめるのはやめましょう……

一一〇番通報は、結構集中することがあって、もちろんオペレータというか受理担当警察官はそれなりの数配置されているのですが、それでも受けきれず、滞留《たいりゅう》というかたちでどんどん積み上がってゆくことがあります。それは、機器の上のランプ等で視覚的に分かるようになっています。ゆえに受理担当警察官は、滞留してくると結構焦ります——裏から言えば、なるべく物事に動じない、冷静沈着なタイプの警察官を配置しなければならないし、そのような教育訓練（**キョウヨウ**）も随時行われることになります。

一一〇番通報が受理されると、今度は指令担当警察官が、関係警察署に——事件事故の発生した警察署となることが多いでしょうが、時に隣接署にも、あるいは県下一斉というかたちでも——「こういう事件事故が入電したから、こういうことをしろ」という無線指令を流します。警察署側からすると、いかに通信指令室に名指しされないかが、穏やかな夜等を過ごすポイントとなります。まあ全て運次第ですが。

いずれにしろ、通信指令室の無線指令を受けた警察署は、あるいはパトカーは、すぐに現場臨場の措置を講じることになります。動員されるのはまずパトカーと交番の警察官ですが、機動力からして、パトカーが「現着《ゲンチヤク》一番」となることが多いでしょう。現着したパトカー等は、現着の旨の第一報を入れた後、地域警察官として必要な初動活動をし、必要に応じて第二報、第三報等を入れながら、再び通信指令室の無線指揮を受けることになります。

再確認される重要性

ちなみに、誰が「現着一番」になるかはともかくとして——例えば駅前繁華街のビル5階が現場なら、パトカーより駅前交番の徒歩の警察官が現着一番になることはあり得るでしょう——「一一〇番通報についての指令をしてから」「誰かが現着するまでの」時間、これを業界用語で**リスポンス・タイム**といいますが、これをどれだけ短くするかが、警察活動においては極めて重要です。リアクションが速ければ速いほど、例えば救える命が多くなりますから。そして平成29年の数字を見ると、この**リスポンス・タイム**は、全国平均で7分5秒。飽くまでも全国平均ですが、我が国では、警察に救いを求めると、7分5秒で「出前」が到着するわけです（ちなみに平成28年、平成27年……と記憶を手繰《たぐ》っても、確か大きく変わらないはずです。7分ジャストとか、7分数秒とかです）。

通信指令室の指令担当警察官は、事案の概要と必要な措置を、警察署に無線で流す警察官ですが……これにはかなりの技能が必要です。言葉はともかく、DJ的なトークの技能も必要ですし、事案の内容を評価・分析する技能も、必要な命令を即座に組み立てる技能も必要です。自分が泡を吹いていては始まりません（昔は結構あった気が……）。他方で、技能指導官レベルの無線指令を聞くと、あまりの名調子に浪曲《ろうきょく》か歌舞伎を連想したりもします。名調子すぎると音楽として聞いてしまい、メモを取り忘れたり眠くなったりすることもありますが……

ともかく、初動活動において、通信指令室と無線指令の役割は極めて重要です。それにミスがあり、命が失われてしまった事案も過去にありました。それゆえ、とりわけ近時は「優秀な人材を配置しよう」「無線通話技能を積極的に高めよう」「通信指令室の評価とステイタスを上げよう」というムーヴメントが起こり、その昔は必ずしも組織内地位の高くなかった通信指令室の位置付けが、変わってきました。また、個々の警察官についても、とりわけスマホ世代が増えていることから、「無線の大切さ」「無線通話技能の大切さ」がキョウヨウされるようになり、拳銃・逮捕術等と同様に、無線通話についての検定試験も導入されています。

なお、通信指令室は、通信「指」令室であって通信「司」令室ではないことに軽く注意してください。読者のほとんどの方にとってはどうでもいいことですが、私はこの間違いで、とんでもない警察白書を世に出してしまいそうになったことがあるので……

縁の下の力持ち、「情通」

独特の位置付けをされる現業部門

先に、警察の現業部門は「生安」「刑事」「交通」「警備」だと説明しましたが、隠れた5番目の現業部門として、「情報通信」があります。業界用語でいうジョウツウです。何故「隠れた」と表現するかというと、実は情報通信部門の職員は——いわゆる技官さんたちですが——全て国家公務員だからです。

ここで、警察の職務執行は全て都道府県警察が行う、と述べたことを思い出してください。言い換えれば、警察官として職務執行をするのはほぼ全て地方公務員です（都道府県の公務員。

ただし先述のとおり「警視正」以上は別）。よって、「生安」「刑事」「交通」「警備」の現業部門で働くのも、ほぼ全て地方公務員となりますね。要は、この4現業は同質性が高いのです。

他方で、ジョウツウの職員は、都道府県の公務員ではなく国の公務員です。具体的にその採用をするのは警察庁であり、もっと具体的には、先に述べた管区警察局です。また、都道府県の警察官は他の都道府県には異動しないのが大原則ですが、ジョウツウの職員は都道府県の壁を越えて異動します。国家公務員ですから。これも具体的には、例えば九州管区で採用されたなら九州各県で異動を繰り返し、四国管区で採用されたなら四国四県のいずれでも勤務をする可能性があります。要は、都道府県警察との密着性が少ないのです。

したがって、現業部門の警察官としては、技官さんたちを「同じ県の仲間」とは必ずしも見られません。実際、都道府県警察の組織図を検索して見てみても、「総務部」「警務部」「生活安全部」「地域部」「刑事部」「交通部」「警備部」は全て都道府県の組織として並列なのに、「情報通信部」だけは、図の置き方や線の引き方が微妙に異なっているはずです。都道府県の組織ではないからです。だから細かいことを言うと、例えば愛知県警察の刑事部門であればそれを「愛知県警察本部刑事部」と表現できますが、愛知県に存在する情報通信部門を「愛知県警察本部情報通信部」とは表現できません。それは「愛知県情報通信部」となり、また、そのカンバンにもかかわらず国の組織です。

独特の位置付けをする理由

どうしてジョウツウだけ国の組織にしたり、技官さんたちを国家公務員にしているかというと、通信指令室のところで述べたように、情報通信インフラもまた警察の基盤、いえ全国警察の基盤だからです。その重要性はA県でもZ県でも変わることはありませんし、むしろ全国で（できれば最高水準で）標準化する必要があります。ゆえにその標準化や、その後の保守整備については、各県に負担をさせることなく、国が一括して面倒を見るということに決まったのです。実際、警察が独自に維持している無線多重回線や、各通信事業者による警察の専用回線、あるいは衛星通信といったものは、全国警察の財産・基盤として、全国的な固定通信ネットワークを形成しながら、現場の警察活動を支えています。また、交番の警察官が使用する無線機、パトカーに搭載された無線機、機動隊等が部隊活動に用いる無線機といった移動通信のシステムも、もちろん警察活動に欠かせません。

情通差別はまずない

他にも重要な仕事なりシステムなりはありますが、まあそんなわけで、ジョウツウは警察にとって必要不可欠な部門ながら、都道府県警察とは微妙に縁が遠い――ゆえに、「警察活動の縁の下の力持ち」という印象を与える部門です。

　ただ、じゃあ現場警察官が**ジョウツウ**なり技官さんなりをバカにしているかというと、全然そんなことはありません。むしろ真逆です。しみじみした話をすると、公務で使用しているパソコンがいきなりぶっ壊れたとなると、まず頼りにするのは**ジョウツウ**のヘルプデスクですし（警察内にヘルプデスクがあり、オペレータさんが対応してくれます）、あるいは例えば捜査本部を設置するとなると、もう是非とも、技官さんに一刻も早く来てもらって、とにかく警察電話の回線なり端末の回線なりを引いてもらわないと何もできません。はたまた、機動隊が災害現場で救助活動等をするとなると現地本部が必要ですし、部隊通信を確保する必要もありますから、これまた技官さんにすっかり頼りながら、通信インフラを整えてもらわなければなりません。違う例を挙げれば、捜査で差し押さえてきたパソコンのハードディスクを解析する、ガサの現場でパソコンを開錠するなどのときは、ＩＴマニアの刑事がいればいいのですが、まあそんな都合のよいことはあまりありませんし、その技能も素人に毛の生えたようなものでしょうから、いよいよ技官さんにお縋《すが》りする局面となるわけです。

　そんなこんなで、都道府県警察の現業部門と、国の**ジョウツウ**は密接な関係にありますし、まさか仲が悪くはありません。ただ印象論としていえば、技官さんには人格者が多いので、都合のよいときだけ便利使いする警察官たちに苦笑しながら、意気に感じて仕事をしてくれている——そんな感じです。

おなじみ「自動車警ら隊」

「隊」と「班」の違いで見分ける

ＴＶの警察特番でまず出てくる「自動車警ら隊」。業界用語でいうならば自ら隊――**ジラタイ**／**ジラ**。すっかりおなじみなので、読者の方もすぐイメージを作れるでしょうが、いくつか雑学的な注釈をしてみましょう。

まず、実は**ジラ**には２種類あります。自動車警ら隊、と自動車警ら班、です。といって、あまり深刻な違いはなく、本社＝警察本部に置かれるユニットが「自動車警ら隊」、支店＝警察署に置かれるのが「自動車警ら班」というだけです。どちらも**ジラ**ですが、もちろん後者は**ジラタイ**ではなく**ジラハン**と呼ばれます。そして本社に置かれる**ジラタイ**は、都道府県の全域を担当し――ゆえに本社に拠点を置くだけでなく、分駐所などが置かれたりします――支店に置かれる**ジラハン**は、警察署の管轄区域を担当します。**ジラハン**の拠点は、もちろん警察署です。というか、警察署に置かれたパトカーは**ジラハン**のパトカーです（ミニパトは違います）。

自動車警ら隊だの、自動車警ら班だの、何も古風な日本語を使わなくても……と皆さん思われるでしょうが、そして私も一部同感しますが、これは法令用語のせいです。というのも、そもそも警察では、パトカーという言葉をオフィシャルには使いませんので。いわゆるパトカーは、「警ら用無線自動車」と呼びます。それを言い始めると、そもそもパトロールという言葉も公用文では使えない――「警ら」となる――ということにも触れなければなりません。もちろん日常会話では、警察官でもパトカーとかパトロールとか言いますが（とりわけ市民の人に対してはそう言うと思いますが）、例えばユニットの正式名称となると、「パトカーパトロールユニット」というわけにはゆかず、法令用語どおりに「自動車警ら隊」等としなければならないわけです（もっと正確を期すなら「警ら用無線自動車警ら隊」でしょうが、さすがに警ら警らカブリは見苦しいですよね……）。ちなみに業界用語でパトカーはＰＣ。警察官どうしなら、パトカーよりもＰＣをナチュラルに使います。

このジラ（自動車警ら隊、自動車警ら班）が行うパトロールは、業界用語で機動警らと呼ばれます。といって、おまわりさんの警らと意味は変わりません。そして、ジラは地域部門の初動活動に当たるユニットですから、この機動警らをしながら例えば職質をしたり、無線指令が入ったら現場臨場したり（リスポンス・タイムを競います）、あるいは交通違反をした自動車を追跡したりするわけです。その後の複雑な事件処理となると、４現業の捜査員等が引き継いで行うことになります。

自《ジ》らの勤務とステイタス

なお、ジラタイとジラハンは管轄区域が違うだけで、やることは変わりませんが、署に置かれるジラハンの方が、より地域住民に身近な事件事故を担当することになり、警察本部に置かれるジラタイの方が、より裁量のある、プロとしてのハンティング等に従事することとなります。そもそも、PC勤務員は交番勤務員より若干ステイタスが高いと見られていますが——だから署のジラハンの警察官も交番の警察官より若干ステイタスが高いと見られていますが、これがジラタイの警察官となると、機動警らのスペシャリスト、プロのハンター、プロの事案処理師として高く評価されます。ただしその分、実績を挙げなければ恥ずかしいという、期待される者ならではのプレッシャーも大きくなります。

ジラの勤務も、交番同様、交替制です。ほとんどの道府県で3交替制です。ゆえに、3日に1回の泊まりの日に24時間勤務をし、朝から翌朝まで、時間割りに従って機動警ら／待機／休憩を繰り返します。ジラは複数のPCにより編制されていますから、例えば6台のPCを持つ警察署であれば、全6台を一気に機動警らさせることなく、外に出すPCと突発用の待機PCを分けるなど、できるかぎり戦術的に運用します。通常、PCに乗車するのは2人1組で、片方が車長となり運転を担当し、もう片方は助手席で無線を操作したり、いわゆる安全呼称(「右ヨシ左ヨシ」「歩行者ナシ」等々)を励行《れいこう》して事故防止に努めたりします。

ちなみにジラのPCは、ジラタイのPCであれば〈県名＋○号〉、ジラハンのPCであれば〈署の略称＋○号〉というコールサインで呼ばれます。例えば〈愛媛1号〉なら愛媛県警察本部のジラタイの1号車ですし、〈新宿3号〉なら新宿警察署のジラハンの3号車です。また、そもそもPCのルーフに「媛1」とか「宿3」とか——目で確認してから書いているわけではないので、正確ではないかも知れませんが——他とカブりのない漢字と号車番号が記載されます。高い所からPCを見下ろすと、でっかく、独特の書体で書かれているのが分かります。もちろんヘリからも見えるのがミソです（まあ今はカーロケもマンロケもありますが……）。

「警察用船舶」？　「警察用航空機」？

海も川も空も管轄区域

私も拝命した後で、「警察用船舶？　警察用航空機？　なんじゃそりゃ」と思いました。これは、前述の「警ら用無線自動車」と同じノリの法令用語・業界用語で、まあ、都道府県警察が運用している船と、都道府県警察が運用しているヘリのことを指します。

さて、①警察で具体的な職務執行をするのは都道府県警察で、②その都道府県警察は「都道府県」というエリアを縄張りとし（ただ、他の都道府県で職務執行をするのはそんなに難しくはない）、③そこで「個人の生命、身体及び財産の保護」＋「公共の安全と秩序の維持」という警察のミッションを果たすのですが、この「都道府県」というエリア・区域には、もちろん海も川も含まれます。空も含まれます。ものすごく理論的な話をすれば、宇宙空間も含まれます（ちなみに他の都道府県で職務執行をするのがそんなに難しくないように、理論的には、また法令上、外国で警察官としての職務執行をすることも不可能ではありません。まあ外国の場合、「海」「川」「宇宙」といった、元々その都道府県のエリアに含まれるところで職務執行をするのとは、また理屈づけというか、組立てが異なりますが）。

そんなこんなで、警察は――都道府県警察は、海でも川でも空でも、必要とあらば職務執行をしなければなりません（裏から言えば、都道府県の区域のどのようなところであっても、警察の責務が免除されるわけではない）。

海や川での職務執行としては、シンプルには、溺死者《できししゃ》が浮かんでいるとか、子どもが溺《おぼ》れているとかいった事態が想定されますが、もちろんプレジャーボートが水上で交通事故を起こしたとか、アワビが密漁されているとか、はたまた、怪しい国の不穏な不審船が入り込んでいるとか、そういった事態も想定されます。そうなると、陸上における「警ら用無線自動車」同様、ある種の機動力が必要となるため、警察においても「警察用船舶」が導入され、運用されているわけです（ちょっとレアな存在なので、これを呼称する特段の略語等は聞いたことがありません）。メインの活動は、水難救助とか水上パトロールとか水上レジャー対策とか、やはり遺体の回収とか、あるいは水上からの重要施設の警戒警備、災害が発生したときの捜索・救助・輸送などです。離島に警察官を輸送するとき等にも活躍をします。

規模と運用

この警察用船舶は、都道府県警察に約160隻配備されていて（海なし県でも配備されている県がある一方——大きな川があるとか——1隻も配備のない県があります）、その大きさ等は、23m型・38tから8m型・5tまで様々ですが、海上保安庁と比較すると、小型なのは否めません。都道府県警察と海上保安庁は、海の上においては、全く同一の権限を、対等な組織として行使しますが——だから理論的には都道府県警察が海上保安庁のような巨大な船艇を（900t型とか、700t型とか!!）運用しても何の問題もないのですが、まあこれは予算と人員と専門性と歴史的経緯と大人の事情から、なんとなく「遠くの海は海保、近くの海は両方、すごく陸寄りは警察」みたいな、イメージ上の切り分けがなされています（現場においては、警察と海保はそんなに仲が悪いわけではありません。霞が関ではまた別論ですが……）。

なお、ここで数の話が出たので付け加えておくと、PCその他の警察用車両は、全国に約4万

2500台あります。これと警察用船舶の数を比較すると、やっぱり、ちょっと海の上では分《ぶ》が悪いのが解りますね……

さて他方で「警察用航空機」ですが、これはヘリコプターだけです。警察用船舶同様、その略語等は聞いたことがありません。そして、ちょっと正確な数字が出て来ないのですが……昔の警察白書には概数が載っていたのになあ……都道府県警察におおむね80機程度が配備されているはずです。

警察用航空機は、例えば重要事件の緊急配備がかかって警察官が捕り物のために最大動員されたとき等に、空からの警戒監視の目として活躍したり、あるいは、最初は突発重大事案ではなかったけれど、いきなりある自動車が猛スピードで逃走を始め、ＰＣ複数がその追跡を始めて突発重大事案に化けたとき等に、やはり空からの目として活躍します。その他の活動としては、特段の事案がないときの空におけるパトロール、空からの交通指導取締り、そして何より災害が発生したときは、救難救助・情報収集といった重要な役割を担うことになります。パイロットさんは、資格・経験のある一般職員さん（例えば、元自衛官さん）であることが一般です。

ちなみに、警察用航空機も警察用船舶も、地域部門——初動活動部門に配置され、通信指令室の一元的な指揮の下に運用されます。

まだまだ必要、「機動隊」

ちょうどパリがデモで燃えているが……

独特の出動服にヘルメット、マフラー。盾に警棒。編上靴《へんじょうか》。雑踏警備などで部隊を見かけることもありますし、重要防護施設の警戒に当たっている様子が報道されることもありますし、何より災害警備実施という大事な仕事を行いますが、機動隊の本質は、やはり「治安警備実施」にあります。これは、自衛隊が災害派遣等で活躍する一方で、その本質は外敵から国を守ることにあるのと一緒です。

機動隊は、いってみれば治安の最後の砦《とりで》です。機動隊でも手に負えなくなれば、あとは自衛隊の治安出動しかありませんが、我が国の文化・国民感情を踏まえると、軍事組織が市民に対して有形力を行使するというのは——例えば直接肉弾戦をしたり、いやそもそも銃口を向けるというのは——市民にとっても自衛隊自身にとっても、そうたやすく受け容れられるものではないでしょう。そこで、例えばカルトが煽動《せんどう》して大規模な騒乱が起こったり、極右・極左政党による内乱なりが起こったとき、だから街頭がそれこそ「革命」みたいな騒ぎになったとき、軍事組織の力を借りることなく（軍事組織と市民が直接対峙することを避けるべく）、飽くまでシビリアンとしてそれを鎮圧し、普通の市民・平和に日常生活を送りたい市民が被害を受けることのないように――現に被害を受けているのであれば、直ちに犯罪を鎮圧して治安を回復できるように――迅速果敢《じんそくかかん》な部隊活動を行う。そうした「治安警備実施」が、機動隊の本質です。ゆえにその活動は、捜査ではなく、現行犯の鎮圧がメインになります（もちろん警備実施の方針・戦略によっては、現行犯逮捕といった捜査が行われることもあります）。

第二次世界大戦後、我が国が、旧ソ連につくか合衆国につくかで大いに揺れていたときは（冷戦の時代においては）、旧ソ連につくべきだとする社会主義勢力――もちろんそのうち過激な人々――が、大きな騒乱を幾つも幾つも発生させました。いわゆる60年安保・70年安保がそのピークとして有名ですが、何もそれに限った話ではなく、終戦直後からそうした傾向は始まっていて、もう１９５０年代には内乱のような様相を呈する地域もありました（２０１９年現在では信じられない話ですね）。そういった騒乱・内乱では、交番が襲撃されるなんてのはザラで、警察官が撲殺・射殺されたり、警察署が占拠されて日の丸の代わりに赤旗が掲げられたり、全国至る所で大学が占拠されて暴徒の城塞となったり、街頭では投石・火炎瓶《かえんびん》による市街戦が展開されたり、それらに対処する機動隊がボコボコにされたりしました。もちろん機動隊の側に、少なからぬ殉職者《じゅんしょくしゃ》・重傷者が出ました。80年代の頭までは、我が国はそうした、とてもホットな「政治の季節」の最中にありました。業界用語でいうところの「警察戦国時代」です。といって、それ以降も全く平穏無事になったというわけではなく、政治的なコメントを全く抜きにしても、例えば今の沖縄県はホットな情勢にあるといえるでしょうし、全国に目を移しても、散発的なテロ・ゲリラは必ず発生しています。あるいは、オウム真理教に係る一連の事件について、教団施設に討ち入りをしたときは、機動隊の集団力・執行力が必要となりました。そうした意味で、いわば本来業務としての「治安警備実施」は、機動隊の任務から外れることはないでしょうし、ゆえに機動隊がなくなるということもまた想定しがたいでしょう（とりわけ、朝鮮半島情勢が不透明になっている昨今、むしろ警察戦国時代のような治安警備実施は、ひょっとしたらまた増えてゆくのかも知れません……）。

任務の多様化と編制

他方で、その役割はむしろ、市民にとっても身近なものともなっています。ちょっと古いですが、サッカーのワールドカップ警備。あるいは持ち回りで我が国においても開催される、サミット警備。はたまた、ハロウィン等で雑踏事故が予想される場合における、一定のエリアの警備。そうした、なんというか、暴徒と対峙するかたちというよりは、市民の協力を得ながら、誰も事件事故の被害に遭《あ》わないようにするかたちでの警備実施が重要になってきています（ある意味、大震災における災害警備実施というのも、この1パターンととらえられるかも知れません)。そこでは、どれだけソフトに、しかし確実に警察の責務が達成されるかたちで部隊を運用するかがポイントとなります。敵を封圧・鎮圧するのではなく、共通の目的を有する者どうしで(市民と警察で)、どれだけ協力し合って、イベント等をハッピーに終わらせることができるか……最近ではそんなかたちでの警備実施が多いでしょう。そうした観点からは、機動隊の役割というものは、警察戦国時代に比べて変わったというか、多様化しているといえます。いずれにしろ、機動隊の存在意義というのは、増しこそすれ減るものではないと考えます。

さてその機動隊ですが——業界用語で**マルキ**——これは基本、各都道府県警察に置かれています。だから警視庁機動隊、愛知県警察機動隊、鳥取県警察機動隊……といったものがあります。大規模県においては、複数のユニットが編制されるので、「第一機動隊」「第二機動隊」といったナンバリングがなされます。全国警察で、約8000人の隊員がいます。

この機動隊は、いわば普通科というか歩兵のほか、機能別部隊として、「爆発物処理班」「銃器対策部隊」「水難救助部隊」「レスキュー部隊」「レンジャー部隊」「NBCテロ対策部隊」といったスペシャルユニットを備えていることがありますし、都道府県警察によってはあの「SAT」を擁《よう》しているところもあります。

また、有事に備え、普段はノーマルに警察署での仕事をしていても(機動隊には所属していなくても)、いざ大規模警備実施等があれば招集に応じる警察官がいて——前もって指定されます――治安情勢によっては、それらの警察官によって「第二機動隊」が編制されることがあります（ニキ。あえていえば予備役《よびえき》でしょうか）。この意味での「第二機動隊」は、右の、ナンバリング部隊としての第二機動隊とは別の概念です。ナンバリング部隊の隊員は常に機動隊に所属し、常時訓練等を行っている人々です。

厳しい訓練と独自文化

これら以外にも、やはり治安情勢によって出動する広域部隊である「管区機動隊」が編制されることがあります（カンキ）。全国警察で、約4000人を動員できます。カンキについては、これまた平時はニキ同様、通常の警察業務に従事している隊員から成りますが、厳しい訓練を受けることについては、都道府県の機動隊そのものと変わりません。機動隊は、都道府県の機動隊も管区機動隊も、実に厳しい――自衛隊と同様の――肉体的な訓練を受けます。

実は都道府県の「機動隊」というのは、警察本部の1つの「課」としての位置付けなのですが（だから機動隊員というのは、機動隊という課の課員で、機動隊長というのは、例えば捜査第一課長と同格の所属長です）、しかしながら、警察本部のどの「課」より特殊で厳しい文化を持つ所属です。部隊運用・訓練・車両保管等の便宜《べんぎ》から、その拠点はたいてい警察本部からやや離れた郊外等に置かれることもあり（県の事情によっては、やはり広い敷地を必要とする警察学校とくっついていることもあります）、ある種の治外法権というか、まあ、一種独特の超体育会系ムードにつつまれた所属となります。これが行き過ぎてイジメというか犯罪になってしまうことがあるのは、報道のとおりで……ただ、そのようなことは絶対に許されないとして（それはアタリマエ。警察官が犯罪をやらかすのは論外）、機動隊ではやはり、隊員のイザというときの安全のためにも、厳しい規律と厳しい訓練が絶対に欠かせませんので、そうした「厳しさ」がアホの純然たるイジメにならないよう、機動隊長やその幕僚《ばくりょう》が細かく目を配ってゆく必要があります。

「警察学校」「警察大学校」……警察は学校だらけ

教育訓練至上主義

警察は、日本で最も職員の教育訓練（教養、キョウヨウ）に力を入れている組織の1つだと思います。ただそれも当然のことです。警察は例えばものづくりをしたり、何かを販売したりする組織ではないので。警察の仕事は、極論全てサービス業です。捜査、許認可、営業の規制、職質、家庭訪問、相談、交通指導取締り、情報収集、警備実施……どれも人が人を相手にする仕事です。多かれ少なかれ、あるいはそれがどのようなお客様であれ、「人と接すること」が警察官の仕事だといってしまってよいでしょう――すると、地域住民なり市民なりと接する「警察官」という人こそが警察組織最大の財産で、この「警察官」という人の在り方いかんで警察の仕事の成否が決まってきます。ゆえに、どのように「警察官」という人を**キョウヨウ**してゆくかが、異様に重視されるわけです。

キョウヨウが重要な理由はそれだけに留まりません。警察官は、街頭における法令の執行者ですが（職務質問の場面や交通指導取締りの場面を想定してください）、その仕事は、個人の権利義務を変動させ得るものです。職務質問の結果、不審者からいよいよ被疑者になってしまったとすれば捜査手続が始まりますし（ゆえに権利が制限され、義務を課されますし）、交通指導取締りの結果切符を切られてしまったとなれば、お金を払わなければならない義務が課されます。そういった、個人の権利義務を変動させる仕事に、まさか間違いがあってはなりません。すると、警察官は常に脳内に「最新の六法全書」をインストールし、あるいはそれをアップデートしておかなければなりません……仕事の仕組みはどんどん変わります。例えばＤＶ・ストーカーの規制については、どんどん関係法令の中身が変化していますし、道路交通法に至っては、もう毎年改正されているといっても過言ではありません。あるいは、拾得物取扱いの手続もいわば進歩してゆきます。そうしたものを「知らない」ということは、警察官としては許されません――ところが、現場警察官というのはかなり多忙ですから、「最近はどんな改正があったのかなあ」と、ゆっくり勉強をするのはなかなか難しい（しなければならないのは間違いないのですが……）。そこで、それならば一斉に**キョウヨウ**をする機会を設けよう、という考えが生まれてきます。

教育訓練の種類

キョウヨウは大別して職場教養と学校教養に分かれます。イメージとしては、ＯＪＴと集合訓練です。職場教養では、既に述べた技能指導官・技能指導員、あるいは「指導部長」「指導係長」（担当する警察官を指導する巡査部長／警部補）といった人々が、同行指導、ロールプレイング等を通じて、警察署なり交番なりでＯＪＴをします。他方で学校教養は、現場警察官に対し、「とりあえず今の仕事はいいから、1か月間学校に入って勉強してこい」という命令なり辞令なりが出され、その現場警察官を現場から切り離し、実務をいっさい免除したかたちで、学校において集団で**キョウヨウ**を受けさせるものです。学校教養には、講義・ゼミといった座学もあれば、実技・実習といった訓練もあります。学校に入るときは、元の身分は――○○署○○課主任とかいった身分は――まさか失いませんが、いったん入校すれば「生徒」「学生」となり／と呼ばれ、教官なり教授なりの指導を受けることになります。まさに学校です（ちなみに、警部補以下は生徒と呼び、警部以上は学生と呼ぶような気がします。ただ私が遥《はる》かな昔、警部補として警察大学校に入ったときは、「学生」だった気もしますが……ともかく、管理職である「警部」「警視」すら学生となり得ます）。

学校教養も、また「任用科《にんようか》」と「専科《せんか》」とに大別できます。任用科とは、巡査部長任用科、警部任用科……といった感じで、「昇任したとき必ず卒業しなければならない」コースのことです。警察官は、階級が上がるたびに学校に入り、それぞれの階級に応じた任用科を卒業しなければなりません。他方で専科とは、階級とは関係なく、一定の専門知識・専門技能を教え教わるスペシャルコースのことです。これは科目も期間も千差万別です。例えば、少年法が改正されたとなれば、その内容を修得するためのスペシャルコースが開設されたりしますし、無線通話技能をもっと高めなければならなくなったとしたら、その技能を体得させるためのスペシャルコースが開設されたりします。専科の科目は、警察の専門知識・専門技能であればナンデモアリです。

教育訓練機関の種類

さて、そうした任用科なり専科なりが開催される「学校」ですが、代表的なものを挙げると、

①各都道府県に必ず1ある警察学校、②各管区警察局に必ず1ある管区警察学校、③東京に1ある警察大学校――があります（他にも、皇宮警察にも学校がありますし、**ジョウツウ**のための情報通信学校があったりと、とにかく学校は多いです）。それぞれの切り分けですが、①は採用されたばかりの新任巡査の**キョウヨウ**を行うほか、その都道府県警察で必要な専科を行い、②は巡査部長から警部補までの任用科を開催するほか、これらの階級にある警察官にとって必要な専科を広域的に行い、③は警部任用科を開催するほか、全国的に必要な専門知識・専門技能についての専科を行います。これをある警察官についてみると、A警察官は拝命後、自県の警察学校に入って巡査として働けるための**キョウヨウ**を受け、また巡査部長・警部補に昇任するその都度、管区警察学校に入ってそれぞれの階級に必要な**キョウヨウ**を受け、いよいよ警部に昇任したら、警察大学校に入って管理職としての**キョウヨウ**を受けることになります。

そして、A警察官は、それらの**キョウヨウ**のために学校に入っている期間以外において、上官等から特に命ぜられれば、必要な知識・スキルの修得のため、随時、警察学校・管区学校・警察大学校に送られることとなります。学校教養の期間は様々で、人生最初の、巡査としての入校であれば1年以上にわたりますし、警部としての入校であれば3か月となります。

なお、もちろん学校ですから、座学では「おい寝るな!!」「うーん、金曜の5限だから5分早く終わろうか」「はいここ試験に出すよ絶対出すよ〜」というノリにもなりますし、卒業試験では全て順位がつけられ、悲しいかな再試・補講もあり、またそうした学校成績は人事記録によって、まあ、生涯憑《つ》いて回ります。それは昇任とか、大事な出向とかのときに参照されます。

「官房長」と「官房長官」ではすごい違い

前提――警察における「大臣」とは

この章では、警察組織・警察のセクションを扱っていますが、ドラマ等でも有名になりましたので、組織の話と絡《から》めつつ、これらの職を解説したいと思います。

ドラマ等で有名になった「官房長《かんぼうちょう》」という職ですが、これは警察庁の職です。都道府県警察にはありません。ちなみに、中央省庁であればどこにも置かれます。大臣が置かれている省庁であれば大臣官房長となり、他方で、例えば警察庁は長官がトップで大臣はいませんから、長官官房長となります。

ここで、警察と関係する大臣というと「国家公安委員会委員長」が思い浮かびます。国家公安委員会委員長は、なるほど慣例的に、業界用語でも**ダイジン**と呼ばれます。警察庁で「ウチの**ダイジン**」「**ダイジン**がさあ〜」といったら、それは国家公安委員会委員長のことです。ところが、警察通の方のための、マニアックで細かい話をすれば、この国家公安委員会委員長は、法令上は、実は警察庁の大臣ではありません。警察庁は「内閣府の外局」という位置付けの組織ですから（宮内庁、金融庁等と一緒になります）、担当大臣というなら、内閣府の大臣＝内閣総理大臣です。ただ、国家公安委員会には警察庁を管理する権限が認められていますし、そのため警察庁には国家公安委員会用の会議室も、あるいは、国家公安委員会委員長の執務室もあります（内閣総理大臣のものはありません）。ゆえに、いちばん密接に関係する大臣は国家公安委員会委員長となり、よって慣例的にウチの**ダイジン**と呼ばれるわけです。ちなみにその昔は、国家公安委員会委員長といえば、必ず自治大臣と兼務される職でした。これは、戦前の内務省を意識した運用です。内務省の内務大臣というのは、大雑把にいえば警察庁＋自治省の大臣だったからです。それが、自治省が総務省となったあたりからあまり意識されなくなり、今では例えば総務大臣と国家公安委員会委員長が兼務になるという人事は、あまり見ません

——この閑話《かんわ》の最後に、「国家公安委員長」はメディア用語で、業界用語・法令用語では必ず「国家公安委員会委員長」と舌を噛むように言うのがまあ、マナーです。

官房長の「偉さ」、官房長官の「偉さ」

さて本題に戻り――「官房長」という言葉ですが、これはまあ、「秘書部局の長」といった意味合いです。ゆえにどの省庁にも、秘書部局の長＝大臣官房長／長官官房長がいるわけです。そして官房長は、官僚の中でも役員クラス、しかも役員の中でもトップクラスです――中央省庁のいわゆる「局長」の首席が「官房長」だといってよいでしょう。ここで、警察庁でいえば、局長には生活安全局長、刑事局長、交通局長、警備局長、情報通信局長がいますが――これは「警察の現業部門」として説明したとおりの構成になっていますね――総務局長・警務局長というのはおらず（昔は警務局長がいましたが、そのポストはリストラされました）、その役割を担うのが官房長だ、管理部門担当局長が官房長だ、ということになります。

警察庁の局長の首席ですから、しかも管理部門担当局長ですから、絶大に偉いです。総務、企画、人事、予算、組織といったものを担当していますから。階級としては警視監。それも年季を積んだ警視監です。現場で総警務部門が事実上一段上に立つように、総警務担当局長は、やはり現業局長の上に立つわけです。

しかも、警察庁についてみると――役所の構造は役所ごとに違います――官房長は警察庁のナンバー・スリーです。上官は警察庁次長と警察庁長官しかいません（階級的には東京都警察の警視総監に負けますが、警視総監は東京都で仕事をする人であって警察庁本庁の役人ではありません）。そして近時の運用を見ると、官房長に就任する警察官は、必ず次に警察庁次長になり、ゆえに必ずその次に警察庁長官になる警察官です。すなわち、ナンバー・スリーに選ばれた時点で、2代あとの最上位者となることが決定されているわけです。となると、さらに官房長のステイタスが上がるのは当然でしょう——数年後には必ず社長になるわけですから。

他方で、よく混同されるのが「官房長官」という職です。これは内閣の大臣で、ゆえに政治家で、役人ではありません。まさか警察官でもありません。現時点でいえば、菅義偉《すがよしひで》官房長官です。内閣総理大臣の「秘書部局担当大臣」ということで、大臣でありながら「官房長官」と呼ばれます。よく混同されるのも無理はありません。というのも、その昔聞いた話だと——警察庁ではないよその役所ですが——官僚2年生のキャリアが上司から「来週の○○会議、官房長挨拶があるから御予定押さえておけよ!!」と命じられたので、なんとそのまま官房長官のところにアポ取りの電話を入れた……なんて逸話《いつわ》もあるほどですから。キャリアにして然《しか》りなら、一般の方にとってはもっと「?」でしょう。

「室長」「調査官」「対策官」?

これまた職名の話になりますが、「管理官」のところで説明できなかった分を、組織の話と絡《から》めて説明します。

そもそも論として、警察には、既に御理解いただけたとおり「階級」と「職制」があります。そして例えば警部補は**カカリチョウ**だということを述べました。警察署の警部なら、警察署の課長か課長代理になります。はたまた巡査なら係員です。また、所属長未満の警視が「管理官」等になるということについても触れました。

このように、警察においては、階級と職制がリンクしています。裏から言えば、自由な組合せは——例えば巡査でありかつ係長である、警部補でありかつ警察署の課長であるといったことは、あり得ません。基本パターンは、都道府県警察についていえば、「巡査＝係員」「巡査部長＝主任」「警部補＝係長」「警部＝署の課長／警察本部の課長補佐」「警視＝署長／警察本部の課長」「警視正＝警察本部の部長」「警視長＝警察本部長／警察本部の総務部長」です（必ず例外なりローカルルールなりはあります。例えば警視庁は基本、「警部＝係長」だったりしますし、大規模県の警察本部長は警視監です。また、大規模県には警視正たる警察本部の課長が自然にいます）。

まあ、こうした感じで、基本パターンとしての「階級」と「職制」のリンクがあるのですが、では「室長」「調査官」「対策官」「指導官」「理事官」等となると——これらはもちろん階級ではないので、職制というか職名ですが――これは業界人にとってもある意味、鬼門《きもん》です。というのも、A県警察とB県警察とC県警察では、こういったポストについて、全く違った運用をしていることがありますし、それは全く適法で自由だからです（47の警察会社は、それぞれ独自の経営判断をしながら仕事をしていることを思い出してください）。

すると、例えば同じ「調査官」でも、①A県では管理官とほぼ一緒のクラスの警視を充てているのに、②B県では一定の試験に受かった警部を充てることにしていたり、はたまた、③C県ではそれを優れた技能を有する者に対する名誉称号としている（職名ですらない）――ということがナチュラルに起こり得ます。これは「室長」でも変わりません。警察本部の室長とくれば、まあ警察本部の課長と同程度の、課長より微妙に下くらいのポジションかなあ……と想像はできますが、ところが実際に、警察本部の課長＝所属長警視どころか、ヒラ警部が「室長」をしているケースはあります。もちろん逆に、課長と同格として、所属長警視が「室長」をしていることもあれば、はたまた、「管理官」と同程度の警視が「室長」をしていることもあります。これは都道府県警察によって違うほか、都道府県警察の内部においても違うことがあります。例えば、「D県においては監察官室長は所属長警視で、公安委員会補佐室長は所属長未満の警視、術科《じゅつか》指導室長とIT対策推進室長は警部」なんてことは、まったく自然……まあ自然ではありませんが、いくらでも類例があることです。

警察官であっても悩む

他方で例えば「参事官」というのはかなり歴史のある、こなれた職名なので、これはほぼ「警察本部の部長の下、筆頭課長の上にいる、とりまとめ警視正／警視だな」とアタリをつけることができます。

ところが、こうしたこなれた職名は実は少なく……

ゆえに、例えばE県の「調査官」がF県を訪問したり、F県に電話で仕事上のお願いをしようとするとき、まあ警察文化としては、ほぼ同格・同クラスの人とコミュニケーションをするのがならわしですが（でないと階級差から、変な／余計なコミュニケーション・ギャップが生じかねない）、ところが普段、あまりF県とは馴染《なじ》みがないとなると……警察電話帳をめくりながら（あるいは公用端末でメールのアドレスのツリーを見ながら）、「ハテサテ、どう見ても調査官という職はないようだが、そうするとこの『室長』さんに話をすればいいんだろうか、それともこの『管理官』さんだろうか、あるいはこの『対策官』？」と迷うことになり、F県に知り合いのいる部下を見つけるか、こっそりF県の訪問先の庶務に警察電話を入れたりして「これこれこういう者ですが、そちらでは何方《どなた》にお話をさせていただければよいでしょうか……？」等と下調べをしなければならないハメになります。それほど「室長」「調査官」

「指導官」「理事官」等はカオスです。47都道府県警察の「地方自治」を示すよい例でしょう。

読者の方がその区別をつけなければならない事態というのはあまり想定できませんが、もし調べるとすれば、その都道府県の条例・組織規程から始まって、時に通達レベルまで引っぱり出して（ネットで公開されていればよいのですが……）、根拠規定を探し当てることになります。

「公安」とは何か？

警備警察と公安警察――ビとハム

あまりハッキリしない概念で、警察の側からすれば、よく誤解を受ける概念です。

まず業界用語で「公安」（ハム）といったときは、それはもちろん公安警察のことです。ところが公安警察というのはジャンル名で、そういう名前の組織があるわけではありません。組織としては、都道府県警察でいえば、既に説明した4現業のうち「警備」（ビ）がこのジャンルを担当しています。

ただ、より細かいことを言えば、警備という現業部門は、災害警備実施、治安警備実施といった機動隊の運用、あるいは災害対策そのものも担当していますので、ビ＝ハムというわけではありません。ハムは、ビの1ジャンルです（ビ∨ハム）。具体的には、都道府県警察だと、「警察本部警備部」と「警察署の警備課」の中で、いわゆる警備犯罪の取締りや、警備犯罪の情報収集を担当しているセクションが、一般社会でいう「公安」ということになります。それは、そのものズバリ「A県警察本部警備部公安課」であることもあれば、「B県警察本部警備部警備第一課」であることもあり、名称だけではどこが「公安」なのかを知ることはできません。といって、そんなものは秘密でも何でもなく（どの行政機関が／どの部局がどんな事務を担当しているかは秘密でも何でもありません）、これまたネットで、それぞれの警察本部の事務の切り分けを調べれば、カンバンがどうあろうと、どこが「公安」なのか——どこが警備犯罪の取締り等を担当しているのかはすぐ分かります。なお、ここで「警備犯罪の取締り」「警備犯罪の情報収集」というのは、要はテロ対策、ゲリラ対策、スパイ対策と考えてください。

公安警察と公安調査庁の大きな違い

ここで、「警備犯罪の取締り」については、まさに犯罪捜査を担当する警察の仕事です。正確に言えば検察庁、海上保安庁等も犯罪捜査を担当していますが、だからやろうと思えば「警備犯罪の取締り」もできますが、組織の体制・性質等から、あまりアクティヴにはやりません（海保が例えばテロ対策をするのは当然ですが、それは警察でいうなら機動隊の運用みたいなもので、スパイ対策といったものとは趣《おもむき》を異にします）。実際上は、警察がその99・99％をやっている、それが「警備犯罪の取締り」です。

　他方で、「警備犯罪の情報収集」については、それをどう呼ぶかは別として、事実上、他の役所もアクティヴに行っています。その他の役所というのは、公安調査庁です（業界用語でいう**コウチョウ、ピーシア**）。この公安調査庁は、名前が名前なので、これこそが「公安」だととらえられたり、あるいは「公安警察」と混同されたりしますが、これは警察とは全く御縁《ごえん》のない、赤の他人ともいえる役所です。というのも、公安調査庁は、法務省に置かれる組織だからです。いってみれば、警察にとっては公調は、検察庁と似たような距離感・遠近感のある組織です（少なくとも戦後はそうです）。

　そして公安調査庁は、破壊活動防止法、いわゆる破防法を担当していますので――破防法というのは、割り切って言ってしまえば、テロ団体に規制をかける法律です。イメージとしては、歴史の前後はともかく、テロ団体用の暴対法みたいなものです――この破防法を運用するため、テロ団体に関する情報収集を行うことができます。しかしこれは警備犯罪の捜査ではありませんし（公安調査庁に捜査権は認められていません——ゆえに捜査である逮捕・ガサ・検証といったものは一切できません）、またそれは警備犯罪の情報収集でもありません（犯罪の情報を収集するのは捜査のためですから。捜査権がないのに犯罪の情報収集をするのは意味がありません）。すなわち公安調査庁は、あくまで、テロ団体に行政的な規制をかける観点から、必要な情報収集をします。

ところが、いくら「警察がやるのは警備犯罪の情報収集で、公安調査庁がやるのはテロ団体規制に必要な情報収集だ」といったところで、そんなものは役人・役所の理論的な切り分けに過ぎず、実際にやることはバッティングします。対象が一緒ですから……ゆえに現場では、都道府県警察の**ハム**の警察官と、公安調査庁の公安調査官とが、時に熾烈《しれつ》な「情報の獲《と》りあい合戦」「よいオトモダチの獲りあい合戦」をします。

ここで、警察の側には組織力・捜査権というアドバンテージがあり（基礎捜査をする上でも、実際に犯罪捜査の権限も与えられていればノウハウもありますし、やはり市民の協力も警察官の方が受けやすいでしょう）、他方で公安調査庁の側には、ぶっちゃけ資金力というアドバンテージがある、気がします。

公安警察の伝統と自負

一般社会では、テロ対策・スパイ対策をするのが公安警察であろうと公安調査庁であろうと、しっかりやってくれればそれでよい——というのが多数意見だと思いますし、だから「公安」という言葉の中身について深くは掘り下げないのが普通でしょう。私も今は真っ当な市民ですから、それはそのとおりだと思います。ただ業界の経験則からすると、公安警察の側は、①「公安」といえば自分たちであり、②それは事実上戦前からの伝統であり、③そのノウハウを継承・強化してきたし、④まして自分たちには最終的にはテロ被疑者・テロ団体を物理的に壊滅させる力がある（強制捜査の権限がある。例えばガサの波状攻撃、逮捕の波状攻撃）——という自負と自信から、公安調査庁なり公安調査官のことを、まあその、対等な競争相手・よき競合他社とは見ていないきらいがあります。

実際、現時点において最後に行われた行政改革——法令的には平成10年の「中央省庁等改革基本法」の規定に基づく省庁ガラガラポン——においても、警察は、旧運輸省から海上保安庁を、旧厚生省から麻薬取締部門を、まあ吸収合併というか強奪しようとしましたが（失敗）、そのときでも公安調査庁には目もくれていません。一説によれば、「警備警察の純血が汚れる」なる言葉まで飛び出したとか飛び出さないとか……私が直接聞いたわけではありませんが、いかにもな話ではありますね。

といって、そういう公安警察自身も、警察一家の中では、蛇蝎《だかつ》のように忌《い》み嫌われているのが特徴です……うーん……

第4章 業界用語が分かる

——警察で用いられる隠語など

総論——「とにかく○だ!!」

何故隠語を用いるか?

この本では、警察の業界用語を頻繁に紹介しています。いわゆる隠語《いんご》・符牒《ふちょう》のたぐいですね。ただ警察は/警察官は、別にカッコをつけたり業界人風を吹かすために、そうした隠語等を用いているわけではありません。警察官が業界用語を用いる理由は、①既に定着して長いので、すっかり日常用語として使っているためか、②第三者がいるときに意味を隠す必要があるためです。

例えば警察官は、とりわけ交番の警察官は、街頭で職務質問をします。職務質問をするとなると、様々な無線照会をしなければなりません。このとき、こちらが何を照会しているかが職質対象者にバレるのは——それが不審者であればなおさら——手の内をさらすことになり不利ですし、あるいは、照会結果として犯罪経歴(**ハンレキ、マエ**)が出てきたとき、それをそのまま復唱したりするのは、職質対象者にとって不利益でしょう——街頭で、他の市民が多く通行しているでしょうから。すると、「聴衆」に分からないように配慮する必要がある。

これは、例えば刑事がペアで聞き込みにいったとき、あるお家で耳寄りな情報を獲《え》たときでも一緒でしょう。相手方の面前で、ペア同士ですぐ「既存の情報を確認する」「何を詰めて聴き出すか確認する」必要が生じたりしますが、そこでも捜査本部の機微《きび》な情報をそのまま口にするのはマズい。

はたまた、その刑事たちが聞き込みの最中、いったん休憩して吉野家に入ったりドトールに入ったりするとき、その日の成果を整理しながら打ち合わせをしたり、あるいは単に今後の捜査についての雑談をすることになるでしょうが――壁に耳あり障子に目ありで、例えばどこで新聞記者が聞き耳を立てているかは分かりませんよね。いえ、捜査対象者の関係者、あるいは捜査対象者自身にすら出会《でくわ》すかも知れません。やはり、ペラペラと日常用語で捜査の話をするのは御法度《ごはっと》でしょう。そして堅いことを言えば、警察官は公務員ですから、守秘義務違反は懲戒処分と刑事処分の対象です。

基本型へのこだわり

また、そうした職務執行の場面でなくとも、そうですね……飲酒なり懇親会なりの機会も危険です。警察共済の施設ばかりを使うわけではないでしょうから、これまたどんな飲み屋でも居酒屋でもホテルでも、聴衆には事欠きません。そして一般論としては、警察官は大酒飲みで、しかも声がでかい……アルコールの勢いもあって、ポロッととんでもない秘密を口走ったり、とんでもない秘密について議論したりするかも知れません。こう考えると、常日頃から「機微にわたる用語については隠語・符牒にする」癖《くせ》をつけておくのは、自分の身を守るための自衛策ともいえます。

さて、その隠語・符牒ですが、警察における隠語等のつくりかたの大原則は、「単語の1文字を取り出して、マルをつける」――これです。これによって、どのような新しい言葉でも、あるいはその場限りしか使わない言葉でも、業界用語にすることができます。例えば、弁当はマル弁、食事はマル食、検索はマル策……一般名詞でなくとも、例えば上官が古野という名前であれば、「最近のマル古、ちょっと調子に乗ってね？」と同僚に話せばすぐ「ああマル古な。そろそろ気合い入れてやらねえとな」なんて言葉が返ってきます。本人が近くにいるなら「マルFはクソだな」「ああマルFはクズだ」となるでしょう。こうしたとき、「マル」が付いているので、それが符牒であることのインデックスとなり、すぐ意味が分かるわけです。マルに付けるのは人でなくとも、場所でも何でも構いません。同僚と一杯引っかけに塚田農場にゆこうと思ったら、「じゃあ一九三〇、マル塚に現地集合な？」と発話するとすぐ「おうマル塚直接か、分かった」となります。これらなど、「そんなもの隠語にする必要ないだろうが……」といった例ですが、右に述べたとおり、文法として癖にしておくと安全なわけです。あるいは、ひょっとしたら傍《そば》にうるさい上官がいて、「聴衆対策」をしなければならない場合かも知れませんしね。

いずれにしろ、警察における業界用語の基本は「マル」で、これは書類にも使われたりします。刑事裁判で用いられうる捜査書類はまた別ですが、日常の行政書類となると、わざわざ「○」のスタンプを押したり、そもそもワープロソフトで「○」付きの文字を作成してしまったりしてまで、「マルX」を文書で表現することがあります。

既にメジャーな「バン」「職質」

職務質問にみる隠語と文脈

別項でも紹介しましたが、警察官がよく街頭で行っている、あの職務質問のことを「**バン**」「**ショク**」「**マルショク**」といったりします。もちろんより伝統的というか、より法令に忠実な(?)「**ショクシツ**」もナチュラルに使います。「**マルショク**」だと、まさに基本文法どおりですね。なら「食事とはどう使い分けているんだ?」という御疑問が生じるかも知れませんが、それは文脈によります。そもそも食事と職質なら、それが発話される状況ですぐ頭の切り換えができるでしょう。

なら、**バン**と**ショク**と**マルショク**と**ショクシツ**はどう使い分けているか——というと、これは好みと、その都道府県警察／警察署の文化、そして状況によります。解りやすいのは状況ですね。一般聴衆があるとき、**ショクシツ**だと、これだけ職務質問が盛んに行われていれば、それはすぐに「職質」のことだと理解されてしまいます。理解されてもかまわないなら**ショクシツ**でよいし、ちょっとボカそうと思ったなら他の隠語を用いるでしょう。あとは好みと文化の問題で、特に文法的なルールなりシキタリなりがあるわけではありません。

様々な活用形と関連語

ここで、職務質問は、法令としては「する」「行う」ものでしょうが、業界用語としては「かける」ものとなります。したがって、**バン**と**ショク**にあっては、動詞としては「**バンをカケル**」「**ショクをカケル**」となります。他方で、職務質問をかける、というのはアリですが、**ショクシツ**をかける、というのは……アリはアリでも、わざわざ略語にしている割にはちょっと冗長《じょうちょう》、「**ショクシツスル**」がより素直な感もあります。また、この動詞が名詞化するとき——要は「職務質問をかけること」となるとき——それは**バンカケ**と表現するのが素直だと思います（右のように私が「素直」とか「思う」とか書いているのは、こんなものは極論遊びのようなもので、まさか法令用語みたいに統一ルールがあるわけではないからです。遊びというか、趣味の問題に正解はないでしょう）。

さて、**ショクをカケル**となると、その対象は――既に見たとおり「不審者」か「参考人的立場の人」ですが――職質対象者という意味でマル対、**マルタイ**となります。仮に**マルタイ**に任意同行を求めるとすると（既述）、それはマル同、**マルドウ**を求めることになります。もし**マルタイ**の不審性が高まり、既に犯罪の被疑者となったなら、**マルタイ**はいよいよマル被、**マルヒ**に昇任（？）します。このあたりは、先に述べた「マルX」の基本文法どおりですね。その狙い目としては「**シャブ**」か「**チャリ**」か「**ケイハン**」（軽犯罪法違反）か「銃刀法違反」か（これについては素直に**ジュウトウホウ**とか**ジュウトウトウ**とかいいますね）……**シャブ**となれば金星ですが、別段、**ビザイ**（微罪処分対象事件）、**カンイ**（簡易書式例対象事件）といった比較的軽微な罪でも、「職質検挙」（**ショクシツケンキョ**）ということで実績評価の対象となります。

なお、右の**マルタイ**については、もう少し多義的な言葉ですので、次項で解説します。

「マル対」「マル目」「人定」「人着」

お客様について

職務質問の対象者は**マルタイ**でしたが、**マルタイ**は別に職質に限った用語ではありません。ひろく、何かの対象者であれば全て**マルタイ**です。例えば、尾行（追及）対象者は**マルタイ**、張り込みの対象者も**マルタイ**、ちょっと事情があってオトモダチになりたいなあ、という「求愛対象」も**マルタイ**――あるいは若干毛並みが変わって、何らかの事情で防護しなければならない防護対象者もまた**マルタイ**です（伊丹十三《いたみじゅうぞう》さんの映画に『マルタイの女』という作品がありましたね）。

マルタイは大抵、まあ、ワルっぽい、グレーな対象について用いられますが、『マルタイの女』のような防護対象者は、別にワルイヒトではありません。むしろイイヒトです。そういう意味では、**マルタイ**はニュートラルな用語です（といって、実際の用例を拾えば、ほとんどがグレーな対象について用いられているでしょうが……）。

次にマル目、**マルモク**ですが、これはズバリ「目撃者さん」のことです。文脈としては、例えば捜査本部で「**マルモク**は確保できたんかい」「あの**マルモク**何て言ってたっけか?」「**マル**

モク眼鏡掛けるの忘れてたんで、信用性がイマイチ……」「**マルモク**の面割り結果どうなってる?」みたいな感じで用いられます（ちなみに面割りとは、例えばマル被の写真入り写真セット20枚を**マルモク**に一気に呈示して、「この中にあなたが当夜目撃した人はいますか?」等とやるアレです。これを写真面割りといいます。10枚セットとか、いきなり1枚とかの「手抜き」をすると裁判所に滅茶苦茶《めちゃくちゃ》怒られます。他方で、取調べ室の透視鏡等を通じて**マルモク**にマル被の顔を確認してもらうのを「面通し」といいますが、今時は取調べを受けている状況などを使って面通しをすると裁判所に滅茶苦茶怒られますので――そりゃそうですよね、「コイツですよ!!」「コイツでしょ!!」「やっぱりコイツですよね!?」みたいな予断を与えまくりですから――**マルモク**による面通しをやるとなれば、なんとマル被と同程度の背格好をした警察官その他を10人程度集めて、写真面割りと同様にランダムチョイスをしてもらいます。さすがに面通しの場合、20人を集めるのはキツいですが……)。

あと、**マルモク**が用いられる文脈としては、やはり通信指令室（既述）による無線指令の場合が挙げられます。「**マルモク**通報で、ひったくり!!」「鋭意**マルモク**の確保に努められたい」みたいに自然に用いられます。24時間勤務のうち、ひょっとしたら１００回以上使っているかも知れません。

お客様の特徴について

さて、職質で確認をしたり、**マルモク**から話を聞いたり、無線指令で手配する内容に、「人定」「人着」があります。人定、**ジンテイ**とは、ある人がいったい何者であるかを確認できる情報のことです。というと解りにくいですが、職質で免許証を確認されるのは、まさに**ジンテイ**を――氏名、住所、生年月日等を――確認するためです。**ジンテイ**がハッキリしなければ、いよいよ不審ですし、そもそも**マエ**等を照会できない／照会しても意味がありませんよね（検索キーが正しくなければ検索結果は無意味）。また、職質以外の場面だと……解りやすい例では「通常逮捕」をする場合、裁判官に**レイセイ**をしなければなりませんが、これはまさに「どの、どのような者を逮捕するのか」＝**ジンテイ**が特定できていなければできません。ゆえに、通常逮捕しようとするマル被の氏名・年齢・生年月日・職業・住居を明らかにして**レイセイ**します。逮捕状は**ジンテイ**を明らかにして求めるものです。他の例としては、そうですね……もし失踪者を捜すとしたら、「そもそもいなくなったのは誰なのか」という**ジンテイ**が必要になるでしょうし、変死体が発見されたときも、「そもそもお亡くなりになったのは誰なのか」という**ジンテイ**が必要になるでしょう。

他方で人着、**ニンチャク**というのは、これはシンプルで、「人相着衣」のことです。あるいはより広く、ある人を特定できる外見上の特徴のことです。これまたひったくりが発生したときの無線指令を例にとると、「……マル被の**ニンチャク**にあっては、身長170㎝前後、肩までの長髪に白色マスク、黒いジャージ様《よう》の上下に青色スニーカー、ただし右足用を現場に遺留《いりゅう》している……」などというかたちでニンチャクを説明し、警察官がひったくりの被疑者を発見しやすくするわけです。これもまた無線指令に限った用語ではないので、例えば連日、「古野を尾行（追及）する」というオペレーションを組んだとすれば、まず「今日の（今朝の）**ニンチャク**」を班員で共有しなければなりませんね、追っ掛けられませんから。はたまた小学生が行方不明になった、誘拐か何かまだ分からないがとにかくコッソリ捜索を始めよう――となったら、行方不明になったときのその子の**ニンチャク**が必要になります。

　以上は、「対象があって↓**ニンチャク**を知らせる」というパターンですが、逆もあります。例えば、「経験則上、こういう**ニンチャク**の奴はシャブをやっている」というかたちで（まあそれが正しいかどうかは別として!!）、「抽象的な**ニンチャク**から↓対象をハントする」というパターンがあります。

「マル害」「マル被」

ホシ、ホンボシ、ガイシャ?

既に何度も出ていますが、マル被、**マルヒ**というのは被疑者のこと――すなわち犯罪を犯した疑いのある者のことです。これとある意味対《つい》になるのがマル害(**マルガイ**)、すなわち被害者です。もっとも、まさか被害者さんに対して、二人称で「**マルガイ**さんも、つらかったですね……」「それで**マルガイ**さんのお財布の中身ですが……」などという用い方はしません。まあそれをいったら、**マルヒ**も二人称では使いませんが。これらは三人称として用いられる言葉です。

真っ先に疑問が生じる、「容疑者と被疑者の違い」についてはもう別項で触れました。ですので、ここで**マルヒ**について――被疑者についてコメントすることがあるとすれば、それは「被疑者のこと/犯人のことをホシだのホンボシだの言わない」ということでしょうか。同様に、「被害者のことをガイシャとは言わない」ということも特筆すべきです。その理由としては、次のようなものが挙げられるでしょう――①警察隠語文法(?)には「マルX」という便利な決まりがあるのだから、**マルヒ**、**マルガイ**の方が素直である。②警察エンタメにおいて

「ホシ」と「ガイシャ」があまりにナチュラルに使われすぎていて、既に社会常識というか日常用語のレベルになってしまっているため、それらはもう隠語として意味を成さない。③実際に業界において「ホシ」「ガイシャ」の用例がないので、口伝《くでん》として伝承されることも模倣《もほう》されることもない……

マル被の身分変動

まあ、こんなことに目くじらを立てるのは、リアリティがクオリティだと勘違いしているクソリアリズムヘボ作家くらいのものでしょうから、読者の方には雑学以上の意味はないのかも知れません。ただ元業界人としては、「何故いつまでもガイシャなんだろう。解りやすいからだろうか。不思議なことだ」といつも感じます。

さてこの**マルガイ**さんは、いったん**マルガイ**さんになったら、なんというか、その身分を変えることはありませんが、**マルヒ**には昇任（？）があります。そもそも**マルヒ**は、不審者あるいは容疑者から、いよいよ犯罪を犯した疑いがある者（＝被疑者）に昇任した者ですが、更に昇任があります。すなわち——**マルヒ**が仮に逮捕されたとすると、①約23日後に起訴されて刑事裁判の被告人となるか、②不起訴となって一般市民にもどりますが（もっとも、やっぱり怪しいとなれば再び**マルタイ**とされる可能性はあるでしょう……）、いよいよ①の刑事裁判が始まるとなれば、もはや**マルヒ**ではなく、**マルヒ**とも呼べなくなります。これは、いってみれば法令上の身分が変わるからです。もちろん以降は被告人と呼ぶわけですが、この略語はありません。

ちなみに、被疑者、被害者とくればあとは「参考人」（要は、その他全ての人）が気になりますが、参考人のことは、何故かマルサンとは言いません。そのまま**サンコウニン**です。もちろんサンコウニンが**マルモク**であったり**マルタイ**であったりすることはあるでしょうが、マルサンというのは私は聞いたことがありません。

「ヨンパチ」「検事の助言」

48時間のタイムリミット

第1章で、強制捜査——**キョウセイ**である逮捕のことを概観しましたが（**ツウタイ、ゲンタイ、キンタイ、ジュンゲン**）、どのパターンにしろ、逮捕をしてしまうと、警察には事件処理についての厳しいタイムリミットが課されることになります。

例えば、警察が**マルヒ**を通常逮捕したときは、逮捕の瞬間から48時間以内に、マルヒの身柄を——書類・証拠物と一緒に——検察官に**ソウチ**しなければなりません。裏から言えば、警察がこの逮捕によってマルヒの身柄拘束を続けていられるのは、48時間だけです。このタイムリミットは、少なくとも警察にとっては短いものなので、警察ドラマ等で手錠をかけるときに「○○時○○分、確保!!」とか叫んだりするのも、あながち胡散臭《うさんくさ》くはありません。逮捕の時間は、起算点として重要ですから。実際、よく刑事部屋のホワイトボードに書き出したりします。この、通常逮捕の場合における警察の手持ち時間を業界用語で「**ヨンパチ**」といったりします（48時間だから）。

ところが御存知のとおり、では48時間が過ぎたら**マルヒ**は釈放されるのかというと、そんなことはありません。**ヨンパチ**が過ぎれば、**マルヒ**の身柄は**ソウチ**を受けた検察官が持つことになり、その手持ち時間は24時間です。警察の手持ち時間48時間＋検察の手持ち時間24時間で、合計72時間。この72時間のあいだに、検察官は**マルヒ**をもっと身柄拘束するかどうかを決め、もっと身柄拘束するとなれば、裁判官に「あと10日ください」と請求することになります。裁判官が「いいですよ〜」と認めてくれれば、引き続き検察官の手持ち時間が10日、増えます。他方で、裁判官が「駄目に決まってるじゃん!!」と却下すれば、まあ抵抗手段はありますが、基本、**マルヒ**は釈放されます。これを法令用語で言い換えると、72時間は留置の時間、請求してさらに認められるのが勾留《こうりゅう》（いわゆる**カギコウリュウ**）の時間となります。この勾留は、原則として最大20日まで認められるので——10日×2セットまで認められるわけですね——結局、**マルヒ**は逮捕されれば、72時間＋20日ということで、約23日、身柄を拘束されることになります。この約23日が終わるときに、いよいよ検察官によって起訴されるかされないかが決まります。

警察と検察の微妙な関係

ここで、最初のヨンパチ以外は、既に検察官に身柄が送られているので、すべて検察官の手持ち時間であることに注意してください。法令のタテマエ上は、勾留の20日間は全て検察捜査の時間です。ところが捜査の実態としては、勾留の場所もたいてい警察署の留置場ですし、実際に**マルヒ**を取り調べるのもずっと警察のままですので、警察官は感覚的に「検事さんにお願いして、20日の時間を（自分たちに）もらった」という気持ちでいます。検察官としても、「自分の手持ち時間を（裁判所に認めさせて）警察に使わせてやっている」という感じでしょう。実際、まあ事案によりますが、この20日間はほとんど警察の捜査に充てられ、例えば検察官自身による取調べ——検事調べの時間等は、実務上限定的です。

さて、お互いの感覚はそのようなものとして、検事は検事で、20日後には刑事裁判を求めるか求めないかを（起訴するかしないかを）決めなければなりません。そのためには、手持ちの証拠がどのようなものか、その評価はどのようなものか、それで刑事裁判に勝てるかどうかを、もちろん20日の猶予《ゆうよ》が過ぎる前に、判断しなければなりません。そこで、実際に留置場に身柄を持ち、実際に捜査をしている警察官に対し、「あれはどうなっているんだ」「これはまだか」「こんな書類じゃあ刑事裁判に勝てない」といった様々な「助言」をすることになります。ここで「助言」と表現したのは、既に触れましたが、検察と警察は対等ですから、指揮とか命令はできないからです。よって、検事さんのキャラクタによっては、「とっととこれやっておいてくださいよ!!」「この捜査書類は全部作り直し!!」「アンタ刑訴法知ってんの!?」等と怒鳴る人が――仮に――いるとしても、それは法令上、ただ「助言」をしただけです。

なお、検察と警察は対等ですので、警察は検察から指揮を受けるいわれはないのですが、極めて例外的に、検察から「一般的指示」「一般的指揮」を受けることがあります。それは刑訴法上、適法です。ただしこの「一般的指示」等は、例えば「捜査書類の書式はこんな風に統一するから、よろしく」「わざわざ送致しなくてもいい事件はこれこれこのとおりとしたから、よろしく」といった感じの、ザクッとしたルールです。

ちなみに刑訴法上、検察官には「具体的指揮」も認められることがあるのですが……そのときは「こうしろ」「ああしろ」という助言以上の命令が出されることになるのでしょうが……これはいちおう対等である両者・まったく別系統の組織である両者にとってパンドラボックスとなり、あるいは最終戦争の引き金となる鬼子《おにご》なので、なんというか、それぞれがそれぞれに刑訴法の意味を都合よく「解釈」したまま、事実上、封印されています。

ターゲットは「ガラ」「ヤサ」「ブツ」

捜査手続の「狙い」となるもの

身柄のことを「**ガラ**」といいます。もちろんこれは身分とか身の上とかいった意味ではなく、その人の物理的な存在のことです。例えば、**ツウタイ**であれ**ゲンタイ**であれ**キンタイ**であれ**ジュンゲン**であれ、逮捕は**ガラ**を獲《と》るために行われるものです。もちろん、既に述べたとおり、警察には**ガラ**を獲る権限はあっても——**ツウタイ・キンタイ**なら裁判官の審査が必要になりますが——義務はありませんから、**ガラ**を獲るいわゆる身柄事件にするか、ガラを獲らないいわゆる在宅事件にするかは、警察の裁量によります。

ただ、**マルヒ**というのはその犯罪における最大の証拠ですし、やった（であろう）本人に話を聞いてみないことには解らないことも多いですし、どのような犯罪においても罪証隠滅のおそれ・逃亡のおそれはありますので、それらが裁判官をも納得させるレベルになっているのであれば、普通は**レイセイ**をして**ツウタイ**をすることになります。**ガラ**を獲れば、**マルヒ**にはいわゆる取調べ受忍《じゅにん》義務が発生しますし、実際に**マルヒ**に犯行状況を再現させてみることも（いわゆる再現見分）できますし、あるいは在宅事件の場合に必ず恐れなければならない「翌朝呼びに訪れたら自殺してしまっていた」という悲劇も防ぐことができます。もちろん、**マルヒ**にしてみれば逮捕されること自体も悲劇ですが……

さて被疑者は証拠のうち最重要のものですが、もちろん証拠は**マルヒ**に限られません。**マルヒ**の犯罪に関連したあらゆる物、**マルヒ**が罪を犯したことを刑事裁判で証明できるあらゆる物が、証拠となります。それがいわゆる**ブツ**です。**ブツ**は、例えば犯行現場に落ちていることもあるでしょう。凶器が落ちているかも知れないし、侵入工具が落ちているかも知れないし、あるいは「落ちている」というのなら指紋、足跡《そくせき》、血液や、あるいは毛髪、唾液《だえき》、皮膚片《ひふへん》といったいわゆる微物《びぶつ》——DNA型鑑定等のための資料も「落ちている」といえます。はたまた、現場に落ちていない**ブツ**を、被害者さんや参考人から借りてくることがあるかも知れません。性犯罪や傷害事件のときの被害者さんの着衣とか、**マルヒ**が友人宅に預けていったバッグとか、**マルヒ**が職場——いわゆる稼働先《かどうさき》に提出した書類とか写真とかを借りてくる、といった場合ですね。この「借りてくる」ことについては、**ニンテイ**と**リョウチ**のところで触れました。

討ち入り場所

ただ、**ブツ**を押さえる代表的な手続は、やはり**ガサ**でしょう。そして、**ガサ**をする場所とくれば、**マルヒ**の家でしょう（もちろん、稼働先、あるいはいわゆる立寄り先といった関連場所も、時として大々的にやりますし、**マルヒ**の属性によっては、例えば暴力団事務所とか、カルトの本部施設とか、極左の非公然アジトといった特殊な拠点も重要になってきます――すべて裁判官のお許しがあれば、ですが）。この「お家」のことを**ヤサ**といいますので、言い回しとしては「野郎の**ヤサ**に**ガサ**をかけて**ブツ**を押さえる」といった感じになります。ちなみに**ガサ**については、動詞として「かける」ということもあれば「打つ」ということもあります。

ここで、**ガサ**は**キョウセイ**ですから、これまた裁判官の事前審査が必要で、そのときは、どこに**ガサ**をかけるのかをハッキリ明示しなければなりません。すなわち、「捜索すべき場所」（**ベキバショ**）を地番・室番号等で確実に特定しなければなりません。すると、基礎捜査の段階で、「野郎の**ヤサ**はどこにあるんだ？」「実際にはどこに住んでいるんだ？」ということを確実に詰めておくことが必要になります。もちろん、**マルヒ**の**ヤサ**を確実に詰めておくことは、例えば尾行（追及）オペレーションを組むときにも重要になってきます（というか逆に、そうした基礎的なオペレーションの積み重ねが、いよいよ**ヤサ**への**ガサ**という「討ち入り」に実を結ぶといえます）。

警察一家の「オヤジ」「オフクロ」

誰が家長なのか？

警察というのは閉じた部分社会なので、「警察一家」なる言い回しも、業界内ではナチュラルに用いられます。すると「一家」ですから、家長がいることになります。その家長――**オヤジ**は、警察署長です。警察で**オヤジ**といったら、自分のところの警察署長を指します。例えば「また**オヤジ**に怒鳴られちまったよ……」「今度の**オヤジ**は叩き上げの刑事だからな……」「**オヤジ**の決裁はもうもらったんかい？」といった感じで、ごくごく当たり前に用いられます。

ここで、警察署長というのは一般的には警視、大規模署になれば警視正です。そしてもちろんどちらも**オヤジ**ですが、なら、警視あるいは警視正のことを一般的に**オヤジ**というかというと、そのようなことはありません。例えば「管理官」は**オヤジ**ではありません。同じ警視であり、職制としては同格である警察本部の各課長も、まあ、**オヤジ**とは呼びません（現役時代、ごくごく稀《まれ》にそういう用例も聞きましたが、実にレアです）。要は、**オヤジ**というのはすぐれて警察署において用いられる言葉だといえます――警察本部となると、たとえ署長と同格の警視でも、「まだまだ同じ建物の中に、上官の参事官とか部長とか警察本部長がいる」＝「家長とはいえない」、からかも知れません。

さて警察署にオヤジがいる以上、そこにはオフクロもいます。警察署のオフクロとは、副署長のことです。オヤジは家長で全能神ですが、オフクロは主として警察署の庶務を統括していて——もちろん警察署のナンバー・ツーなので、決裁ラインにいる者として、警察署のあらゆる業務管理を行っているのですが——いわゆるヒト・モノ・カネを担当しています。業務全般をチェックするけれど、位置付けとしては、いわゆる庶務係のラスボスといったところでしょうか。お財布を握っているという意味では、まさにオフクロです。ちなみに、そうした庶務係のラスボス機能は、警察本部の各課の「次席」（ナンバー・ツー）もまた担っているのですが、警察署長の場合と同様、警察本部の各課の次席は、オフクロとは呼ばれません。オフクロもまた、警察署用語です。そう整理してみると、警察本部の各課（各所属）よりも、警察署の方が、より家族性が強い——「一家性」が強いといえるでしょう。実際、３００人以上の大規模署であれ、30人程度のミニマム署であれ、現場の仕事は次から次へと降っては湧《わ》いてくるものですから、まさに家族として、お互い助け合ってゆかなければ、警察署は機能不全になります。

父親と母親の役割分担

このオヤジとオフクロは、普通ともに警視ですが、一方は所属長警視、一方は管理官等と一緒の所属長未満警視です。年齢的には、一般論としては**オヤジ**の方が年上でしょうが、そこはどっちが早く警視に昇任したかで決まってくるので——どっちが先に警視試験に合格したかで決まってくるので——例えば52歳の**オヤジ**に58歳の**オフクロ**といった組合せも、何ら異様ではありません。また、警察には4現業があると説明しましたが、**オヤジ**と**オフクロ**は警察署の両親で、警察署のあらゆる業務管理をしなければなりませんから、**オヤジ**の専門（ギルド）と**オフクロ**の専門（ギルド）は、普通、人事上の配慮としてズラします。例えば**オヤジ**が刑事畑の警察官であれば、**オフクロ**は交通畑の警察官——といった具合にズラします。ただ、警察の人事は「年齢と階級と昇任年次と実績と空きポストの関数」ですから——しかも階級が上にゆけばゆくほど選択肢の狭まる関数ですから、例えば刑事出身の**オヤジ**と刑事出身の**オフクロ**が組むこともあり得ます（同じ刑事といっても、強行犯出身なのか知能犯出身なのか、暴力出身なのか鑑識出身なのか、あるいは検視出身なのか……といった違いはありますので）。

最後に、キャラクタの属性としては、**オヤジ**は「デンと構えて細かいことは言わずに必要なら最後に責任をとる（腹を切る）」という胆力《たんりょく》と徳のある武将であることが理想とされがちですし、**オフクロ**は「オヤジと子どもに恥を掻かせないため、署員に嫌われてでも細かいことを逐一《ちくいち》チェックしては頻繁《ひんぱん》にお小言をいうし、生活指導もする」というまさに母親的な、あるいは教師的な、まあ能吏《のうり》であることが理想とされがちです。イメージとしては、事件でも行政仕事でも、決裁をするとなれば、**オヤジ**は「よし解った、頑張ってくれ、頼むぞ」といってハンコポン、他方で**オフクロ**は3度は駄目出しをして書類を突っ返す、といった感じですね。といっても、それは現実の両者の性格形成によって、あるいは現実の両者の人間関係によって様々に変わりますが……いずれにしろ、あまり官僚的な**オヤジ**は嫌われますし、事務処理能力のない**オフクロ**は評価が下がります。また、物に動じやすかったり腰が軽すぎたりする**オヤジ**、しつかり生活指導……躾《しつけ》ができない**オフクロ**は舐《な》められます。

アクセントに混乱、「本庁」

発音は？　正体は？

私は警察エンタメをあまり視ないのですが、それでも最近気付くのは、「本庁」のことを「短調」「院長」のアクセントで読んでいる例が多いことです。言葉は歳月によって変化しますので、最近のアクセントはそうなのだ――という可能性もありますが、オウム真理教に係る一連の事件が世を騒がせていた頃から警察官をやっていた者としては、違和感があります。「本庁」とくれば素直に「満潮」「身長」のアクセントで読んでいたし、周囲の警察官もそうだったからです。ゆえに、「院長」のアクセントで本庁、本庁と台詞回《セリフ》しをするのは、どことなくわざとらしく聞こえてしまいます（重ねて、平成31年現在ではもうそれが定着しているのかも知れませんし、あるいは各都道府県警察のローカルルールというか方言としては、それが正しいところもあるのかも知れませんが……）。

ゆえに私が「本庁」を発音するとすれば、やはり「身長」と同じかたちで発音しますし、今現在の文化がどうであろうと、それで「本庁」という単語を想起できない警察官はいないと思います。

さてこの本庁、**ホンチョウ**というのはどこを指すのかというと、それはまず「警察庁」です。国の役所ですね。各道府県警察の現場からすれば、実は上級官庁でも何でもないのですが（重ねて、47の警察会社は独立した本社たちです）、主観としてはまさに本拠地、本庁です。というのも、検事のところで「助言」の話をしたように、警察庁もまた「指揮監督」にならないアドバイスを——それが罵声《ばせい》であろうと脅迫であろうと恫喝《どうかつ》であろうと——たくさんしますし、捜査でも行政仕事でも、それが重要になってくればくるほど警察庁のアドバイスなり調整なりは必要になってきますから。ゆえに、47の各警察本社と国の警察庁との連絡は密になります。というか、警察庁の担当官となると、まあセクションによって違いはありますが、日中は47の警察本社からの警察電話が架かりっぱなしで自分の仕事などできない——というのも日常茶飯事です。

警視庁の特例と「サッチョウ」

これは要は、道府県警察からすれば、「**ホンチョウ**」と連絡をとりあっていることになります。道府県警察の警察官としては、例えば「これは**ホンチョウ**報告しておかないと絶対に怒鳴られる……」「**ホンチョウ**に聞いてこの法令の解釈教えてもらえ!!」「今度**ホンチョウ**で会議があるから、それまでにプレゼン資料をまとめておかないとなあ」「あの室長は**ホンチョウ**でも名うてのパワハラーだぞ」といった言い回しをします。全て警察庁を指しています。

さて、右では「道府県警察」「道府県警察」との言葉を繰り返していることにお気付きでしょうか。そうです。あえて「都」を抜いています。というのも、警視庁の警察官にとっては、**ホンチョウ**は警視庁だからです。なるほど、警視庁は中央省庁でも何でもないですが、名称としては――歴史的経緯により――確かに「庁」です。そこは、実質的には東京都警察本部であっても、名称として「警察本部」を使うことはできません。そして、5万人組織の警視庁は全てにおいて別格。都道府県警察の中でも「長兄《ちょうけい》」「主役」「筆頭」として強烈なプライドを持っています（それだけの実力ももちろんあります。警視庁なくして日本警察は回りません）。ゆえに警視庁警察官は、自分たちの警察本部（本社）のことをこそ、本庁、**ホンチョウ**と呼びます。もちろん、例えば「警視庁本部」といった言い回しがないわけではありません。これを用いる人もいれば、これを用いる場合もあります（無線指令ではアリだったような……）。ただ、やはり警察本部という名称でない以上、別に警視庁とは縁がない警察官でも、「警視庁本部」には若干の違和感を覚えるでしょう。ゆえに警視庁警察官にとっては警視庁が**ホンチョウ**――ならばその警視庁警察官にとって「警察庁」はどうなるのかというと、これは**サッチョウ**になります。

なお、道府県警察の警察官も、文脈によっては警察庁＝**サッチョウ**と呼ぶことがありますが、警察庁＝**ホンチョウ**と呼んだときに比べて、そこには一定のニュアンスがあります。**ホンチョウ**はやはり「親玉」といったニュアンスを持ちますが、**サッチョウ**となるとより客観的というか、ちょっと突き放したというか、あるいは時に批判が込められた感じになります。例えば「**サッチョウ**風吹かせやがって……」みたいに（重ねて、文脈と文化によります）。

いずれにしても、やっぱり「本庁」のアクセントは「満潮」「身長」の方だと思うのですが……

「下命」「伺い」「決裁」「申告」

上司とその命令

警察は階級社会ですし、自衛隊さんのような実力装置・実力部隊でもあるので、組織の意思決定にもいささか堅い言葉が用いられます。

まず、上司がハッキリ自覚しているかは別として、上司が何らかの指示なり指揮なりをした場合、それは部下からすれば下命、**カメイ**を受けたことになります。要は命令を受けたということです。これは例えば、「おいこの一件書類、コピーして1部くれ」「古野警部ももう異動だから、送別会を組んでやってくれ」「署長室の蛍光灯が切れたんだが……」といった、常識的には命令でも何でもないことでも、例えばそれが課長なり署長なりの発言であれば、部下としてはカメイを受けたと感じるでしょう。もちろん、例えば「被疑者からはもっと殺意の部分についても深く聴取してくれ」「明日までに会議用の訓示案をセットしておいてくれ」「逃亡のおそれの疎明《そめい》が弱いんじゃないか?」「何でベキバショに物置が入っていないんだ」といった職務上の指示は、もろ**カメイ**です。

ちなみに、警察では上司のことはそのまま上司といい、例えば「上官」という言葉は用いません。私はミステリ作家ですので、雰囲気づくりのために「上官」を多用する傾向がありますが、それは故意の誤用でして、警察の日常会話で「上官」が出てくることはまずありません。また、民間企業でよく用いられる「上長」も使いません。シンプルに「上司」です。

部下からのボトムアップ案件

さて、組織の意思決定としては、上司自らが思い立って**カメイ**をする以外に、担当者が企画をして――行政仕事でも捜査でも企画は企画です――上司の承認を受けるというパターンがあります（当然ですね）。これを具体的に見ると、まず部下の側が起案者として**キアン**をし、行政書類なり捜査書類なりそのサマリーなりの文書――**ペーパー**を作成し、それを「仰決裁」とか書かれた厚紙等のフォルダ、いわゆる決裁挟《ばさ》み――**ハサミ**に入れ、そして直近上司のデスクを訪れることになります。そこでまあ、上司に「お忙しいところ恐縮です。来週の署長の訓示案ですが、係ではこのように作成しました。御決裁をお願いします」とかなんとか言いながら、上司にうやうやしく差し出す。これを**ケッサイをアオグ**とか、伺《うかが》いを立てる――**ウカガイをタテル**とかいいます（やり方は、令状請求の場合でも事件指揮を受ける場合でも一緒です）。決裁を仰がれた／伺いを立てられた直近上司の側は、内容と形式をチェックして、何でも言いたいことを言う。それが**カメイ**になることもあるかも知れません。そして納得しなければ突っ返すし、納得すればハンコを押すか花押《かおう》を描きます。ハンコか花押をゲットできれば、**ケッサイをウケタ**、**ウカガイがトオッタ**ことになり、今度は次の上司――直近上司の直近上司に、全く一緒のかたちで**ケッサイをアオギ**ます。そこでハンコ／花押をゲットできればまた次の上司に、また次の上司に……このとき、どこまで決裁を頂戴するかは事務の内容によりますが、警察本部の課長、警察署長といった所属長までは頂戴するのが一般です。警察本部の場合、その所属長がさらに上の決裁を必要とすると判断すれば、今度は所属長自らが**ウカガイをタテル**立場になり、脱いでいたスーツの上着を引っ掛けて、サンダルを革靴に履き替えながら、ちょっと髪とネクタイを整えたりして、参事官なり部長なり警察本部長なりの執務室に赴き、**ケッサイをアオグ**ことになります。

そして、最終的に全ての決裁権者がハンコを押し、あるいは花押を描いたとき、それは最上位者の**カメイ**として確定し、いよいよ命令が執行される段階に移ります。

根回しと儀式

なお、**ペーパー**が作成される以前の段階で、いかにも日本的な事前の根回しが行われることもあります。これもまた**ウカガイをタテル**といいますが、もちろんハンコ／花押を目的とするものではありません。「今これこれこんなことを考えていて、これこれこんな書類をそのうちお持ちすると思いますが、この段階で御意見はありますでしょうか、もしあれば御指導ください」といった感じで、上司（たち）に対して事前にアクティブソナーを打ち、その感触をとり、必要であれば事前に**キアン**を修正してしまうことが目的です。**ペーパー**の真剣勝負において門前払いを喰らったり、完全否定されてしまうのは——**ケッチンをクラウ**のは、締切に間に合わない等の必死な事情から、絶対に防がなければなりませんから。

また、これらと似たような言葉ですが、全く違う意味を有するものとして「申告」が挙げられます。**シンコク**は、上司に対して何か説明をしたり何かを申し上げたりするのではなく（それは**ゴセツメイ**）、主として新しい所属に着任をしたとき、新しい職に任ぜられたとき、あるいは出張に出るとき／出張から帰ってきたとき、上司に、まあ、挨拶をすることです。挨拶というよりは、身分なり勤務場所なりが変更されたという事実の申出《もうしで》ですが、これはかなり儀式的・儀礼的なものです。セレモニーといってもよいでしょう。すなわち、**シンコク**をする側の入室方法（接近方法）、シンコクを受ける上司の姿勢、敬礼の交換、**シンコク**する内容のフォーマット、退室方法等が型として決まっている儀式です。台詞《せりふ》回しのフォーマットとしては、例えば「申告します!! 岐阜県巡査部長古野まほろは平成31年4月1日付けをもって岐阜県警察本部刑事部捜査第一課庶務係勤務を命ぜられました。以上申告します!!」といった感じ。この**シンコク**を受けた上司は、同時に出された辞令などを警察礼式どおりに受けとり、チラと型として眺めながら「うむ、頼むぞ」とかなんとか言う。こうしたセレモニーがシンコクです。

やっぱり物を言う「星の数」

警察官の階級・職制・試験再論

警察の階級については既に触れました。再論すれば階級の数は9。巡査、巡査部長、警部補、警部、警視、警視正、警視長、警視監、警視総監。警視総監は東京都に1人のみ。警察庁長官は日本で唯一階級を持たない警察官で、巡査長は名誉称号であって階級ではない――

さてこの階級のことを「星の数」、**ホシのカズ**といったりします。というのも、平成6年に現在の制服デザインが採用されるまでは（現在の制服デザインに変更されるまでは）、階級章も今街頭で観察できるスタイルのものとは異なっており、それは主として「星」（正確には「桜花」でしょうが……）によって階級の別を表現していたからです。すなわち以前は、1個から3個の「星」の数と、地金の色、そしてラインのデザインによって階級が表現されていました。今現在は、「星」ではなく縦棒と、そして地金の色によって表現されています。ゆえにパッと見では、昔ほど識別がカンタンではなくなりました。昔は、巡査なら星1つ、巡査長なら——階級ではありませんが——星2つ、巡査部長なら星3つ。ここでラインのデザインが変わって、警部補からまた星1つ、警部が星2つ、警視が星3つ……等となっていたわけです（ちなみに、警視総監が星4つなのは今現在でも変わりません）。

そして、これも既に述べたことですが、警察では「階級」と「職制」が連動しています。ゆえに巡査が「係長になりたい」と思ったら、階級を2つ上げて、警部補になるしかありません。巡査のままで、職制だけ上がってゆくということはあり得ません。しかも、警視正以上は別論として、ほとんどの警察官に関係がある——理論的には関係がある——警視以下の階級となると、これ全て「昇任試験」に合格しなければ、目指す階級に上がることはできません。

実力と階級はほぼ連動

この昇任試験は極めて客観的なもので、情実の入る余地は1％未満といってよいです。答案は無記名・ランダムナンバリングですし、マークシート式の試験はもちろんのこと、論述式の試験であっても、恐ろしく官僚的で緻密《ちみつ》な、1点刻みの採点基準が用意されますので。もし仮に情実の入る余地があるとすれば、そうですね……面接試験において、並み居る面接官の1人が元上司で、その人だけ加点が多かったとかいった場合で、それすら面接試験の大勢に影響を与えることはできません（ゆえに右では「1％未満」といいました）。要は、昇任試験は超客観的・超公平で、そこで問われるのは実力だけです（もちろん「試験で測れる実力」という限界はありますが……）。だからこそ近時、このフェアネスを疑わせるような事案が発生したのは残念で、激しい怒りすら覚えます。

いずれにしろ、このように、①職制を上げるには階級を上げるしかなく、②階級を上げるには客観試験に受かるしかない――ということになりますので、これは要するに、「係長としての権限が欲しければ客観試験に受かれ」「署長としての権限が欲しければ客観試験に受かれ」ということになります。すなわち、客観試験によって階級を上げれば上げるほど、組織において行使できる権限なり裁量なりが増えてゆく。裏から言えば、階級を上げなければ、たとえ20年勤務しようが30年勤務しようが、下士官兵として扱われるしかないし、組織の中で自分の意見を通すことはできない――ということです。

すると、「階級が上の者は、実力による競争に勝った者である」「階級が上の者には、それゆえにより大きな裁量がある」、もっといえば、「階級が上の者は声がデカくなる」ということにもなります。幅を利かせられる、というと言葉が悪いですが……しかし誰にとっても客観的で公平な昇任試験の結果ですから、一般論としてはそこに不正義はありません（具体論としてのパワハラとかは、また別の問題でしょう）。

ネガティヴにもポジティヴにも「物を言う」

ゆえに警察においては、例えば**キアン**の**ウカガイ**において起案者と決裁権者の——要は部下と上司の——意見が対立すると、部下の意見が通ることはまずありません。もし通るとすれば、それは上司の意見が誰がどう考えても客観的に間違っているときか、凡ミスに基づく判断であることを上司自らが悟ったときでしょう（そのようなときでも、絶対に誤りを認めず**ケッサイ**をしない困ったちゃん上司はいますが……）。そして上司の側には、極論、何故自分が**ケッサイ**をしないかを説明する責任はありません。査定権者だからです。ダメなものはダメ。俺が嫌だからダメ。それが通用するシステムになっています（これはどこの役所でも一緒だと思います）。そして、どうしても部下が納得しない、どうしても部下が自分の**キアン**にこだわる、どうあっても自分の前から去ろうとしないとなれば、いよいよ最終兵器を出す——「ゴチャゴチャ言いたいんなら、まず**ホシのカズ**を増やしてからだ」「御託《ごたく》は**ホシのカズ**を増やしてから言え」。このとき最終的に撤退を迫られる部下の思いは、「うーん、やっぱり**ホシのカズ**が違うからなあ……」「ちくしょう、**ホシのカズ**が違うから勝負にならねえ」。

……このように、**ホシのカズ**は、まあネガティヴな場面において用いられる言葉ですが、ポジティヴな場面において用いられることがないとは言えません。

例えば、優秀な職人警部補がいるとして、上司としてはその警部補に管理職になってもらって、部門なり組織なりの将来を担ってほしいと考えているのに、警部補の側は一職人であることに満足し、警部試験を全然受けようとしない――このようなとき、上司としては、「警察では、**ホシのカズ**を増やさなければ何もできないだろう。お前の技能を若手に伝承してゆくことも、俺たちの後を担う優秀な中堅を引っ張ってくることもできなくなる。**ホシのカズ**を増やして、部門の将来のために管理職になってくれ」と説得するかも知れません。これを一般論として整理すれば――4現業の生安・刑事・交通・警備のいずれも、後継者の育成と優秀な人材の確保に鎬《しのぎ》を削っていますので、そのためには組織における権力と裁量が必要になる。その権力と裁量を増やすためには、自分の部門において、なるべく多くの警察官に**ホシのカズ**を増やしてもらって、それぞれの影響力を強めてもらう。それが部門の明るい将来につながる――こうした理由から、「部下の**ホシのカズ**を増やさせる」「なるべくたくさんの部下の**ホシのカズ**を増やさせる」ことは、警察の上級管理職にとって重要なミッションとなります。

どんよりする「非違事案」「非違行為」

犯罪、規律違反行為、非行……

非違事案・非違行為とは、いわゆる不祥事、警察不祥事のことです。事案として見たとき**ヒイジアン**、行為に注目したとき**ヒイコウイ**となります。

最近の例でいうと——検視だか死体見分だかの際、臨場していた署刑事課の若手巡査（22歳）が、「手続には現金が必要だ」などと嘘を吐《つ》いて（!!）、御遺族から約80万円を騙《だま》しとったという、まあ、かつてそれなりに御遺体を取り扱わせてもらった立場からすると唖然《あぜん》とする警察不祥事がありました。

ちなみにちょっと脱線すると、警察官のいわゆる「死体取扱手当」は、ローカルルールによりますが約2000円ですし、それすらまさか御遺族から頂戴するものではありません。ましてその若手巡査の動機が「スマホゲームでの借金があったから」なるものだと聞けば、これまた開いた口が塞がりません。私の経験則からすると、「実際に現場でそんなことができるものなのか？」という疑問と、「そんな若手が刑事に登用されるのか？」という疑問が生じますが（人手不足なのでしょうか？）……いずれにせよこの不祥事は業界用語でいう**ヒイジアン**ですし、具体的な行為は——この場合だと詐欺という犯罪は——**ヒイコウイ**です。

この、業界用語でいう**ヒイジアン**には、3つのタイプがあります。すなわち、①まさに右の事例のように、犯罪が行われたタイプ。②それが犯罪であるかどうかはともかく、懲戒処分の対象となるような、規律に違反した行為が行われたタイプ（規律違反行為、**キリツイハンコウ**

イ）。③それが犯罪となることはほぼないと考えられるけれど、公務員にあるまじき非行を行ったタイプ（ヒコウ）――

警察不祥事の3パターン

①にいう犯罪は解りやすいですね。口語的に言えば、刑法や特別法が「～をした者は、～の刑に処する」といった感じで罪と罰を定めているとき（罰則）、これに違反する行為をすることです。

他方で、②にいう**キリツイハンコウイ**は解りにくいです。解りにくいのは、これが犯罪に当たるときもあれば、当たらないときもあるからです。例えば、右の例の「詐欺」は、犯罪であるとともに、業界用語としてはキリツイハンコウイでもあります。同様に、例えば同じような若手巡査が、証拠品であるダイヤモンドを盗んでしまったとなれば、それは窃盗か横領になり、やはり犯罪であるとともに**キリツイハンコウイ**となります。

ところが、②にいう**キリツイハンコウイ**には犯罪でないものもあります。例えば、警察官が勤務時間中に警察署を抜け出してぱちんこを楽しんでいたとか、警察官が面倒臭がって告訴を受理しないとか、警察官が暴力団から接待を受けるとか、はたまた、これまた右の80万円事案ではありませんが、「公務の信頼を失墜《しっつい》するような不相応な借財をすること」、要は年齢・立場・資産等にふさわしからぬ額の借金をすることも、やはり**キリツイハンコウイ**となり、すなわち懲戒処分の対象となります。ここで、サボりだの借金だのは、まさか犯罪ではありません。しかしそれは、警察官として当然守るべき規律を乱す行為であることは明らかです（不相応な借金があるとなると、まさに右のごとく関係者からお金をもらいたくなるでしょうし……そうでなくとも職務に集中力を欠いたり、暴力団・テロ組織等にオトモダチとしてスカウトされてしまうリスクが高まります）。ゆえに、まさか犯罪ではない行為も、**キリツイハンコウイ**となり、したがって**ヒイコウイ**となり得ます。

ヒイコウイの最後の類型は、③にいう**ヒコウ**ですが、これは概説的には、少年非行のイメージでよいでしょう。犯罪とも言えないし、**キリツイハンコウイ**とも言えないが、やはりグレた行為、ワルイ行為のことです。警察官のくせに鼻にピアスを入れたまま職務執行をするとか、茶髪のロン毛であるとか、風呂に入らず臭いしワイシャツはボロボロだとか、同僚とのケンカが絶えないとか、始終性風俗に入り浸っているとか、まあそんな感じです。

たとえ免職でなくても……

要するに、「警察不祥事」＝「非違行為・非違事案」＝「犯罪・規律違反行為・非行」という図式ですね。そして警察官が犯罪をやらかしてしまったとなれば、いよいよ警察の警察――

既に見た「監察」が動き始めることとなり、必要な捜査が行われ、必要ならば**キョウセイ**にも移行し（右の80万円事案は逮捕事案・身柄事件です）、最終的には「刑罰」「懲戒処分」のダブルパンチを食らうことになります。犯罪でないものについても、むろん「懲戒処分」が行われます。

いずれにしろ、懲戒処分が行われれば、それがたとえ「免職《めんしょく》」（クビ）でなくとも——減給だの戒告《かいこく》だの、とにかくクビは免《まぬか》れても——警察一家にはもういられません。実際上、あるいは警察文化上、自分自身のワルイコトについて懲戒処分を受けてしまえば、残る道は依願《いがん》退職しかありません。本人も警察一家に身の置き所がないでしょうし、警察一家も本人を家族扱いしませんから（他の役所では、例えば戒告処分を受けたとき、依願退職せざるを得ないということはないと思います）。

そして懲戒処分がいよいよ「免職」のときは、①退職金が一切もらえないか、②たとえもらえても**ヒイコウイ**の悪質性などに応じて——内容、程度、動機・原因、経緯、警察の職務執行に／警察組織に与えた影響、その後の言動といった諸事情に応じて——減額されてしまいます。ちなみに、懲戒処分が仮に「免職」ではなくても、「その悪質性などによっては退職金がなくなる／減額される」という右のルールは、やはり等しく適用されてしまいます（ワルイコトをしてしまえば、どのみち退職金には影響がある）……

当事者の誰にとっても、どんな内容でもうんざり・どんよりする、そして何よりも市民に対して申し訳ない、それが**ヒイコウイ**です。

思いっきり特殊、「教養」「局線」「タレ」「縦書き」

何故なのか……「教養」

それぞれ相互に関係のない用語ですが、まあ、著しい特殊性があるという公約数を持つことから、この項目でまとめて説明します。

教養、**キョウヨウ**については別項で触れましたが、もう一度まとめておくと、これは知識の深さとか人間的素養とか、それに基づく問題解決能力とか……要は一般社会でいう「教養」とは、まるで異なる業界用語で、単に「教育訓練」のことです。教育訓練のことを**キョウヨウ**と総称します。私も拝命したばかりのときは何度も「なんじゃそりゃ？」と思いました。

さて**キョウヨウ**は、名詞としても動詞としても使います。例えば、捜査書類の書き方について教育訓練をするとなると、「捜査書類の作成方法等に係る**キョウヨウ**」なんて表現をしますし、あるいはこのとき「捜査書類の作成方法等について**キョウヨウ**する」という表現もします。**キョウヨウ**は教育訓練一般ですから、極論何にでもくっつきます。術科《じゅつか》**キョウヨウ**、国語**キョウヨウ**、捜査手続**キョウヨウ**といった感じで「ジャンル」にくっつくこともあれば、座学**キョウヨウ**、実技**キョウヨウ**、集合**キョウヨウ**いった感じで「スタイル」にくっつくこともありますし、あるいは学校長**キョウヨウ**とか部長**キョウヨウ**とかいった感じで教える主体にくっつくこともあります（ただ、学校長だの部長だのとなると、その偉さから、今度は訓育、**クンイク**という用語にグレードアップします）。あるいは、そもそも警察には学校が多いということはもう述べましたが、そこで行われるのは**学校**キョウヨウ、交番・警察署等で行われるのは**職場**キョウヨウです。また、警察本部には**キョウヨウ**課なり**キョウヨウ**室なり警務課**キョウヨウ**係なりが置かれます。

警察電話の仕組みと「局線」

さて話題を変えまして「局線」、**キョクセン**ですが、これは業界用語だと、警察電話ではない一般電話、一般回線からの電話のことをいいます。といっても、これは業界用語というより、古い日本語、古い一般用語なのかも知れません。それが一般社会では廃《すた》れていったところ、警察は依然として用いていると、それだけなのかも知れません。ただ私が退官してから、編集者さん等とやりとりをする際、じゃあ固定電話に連絡を入れてくださいね——というニュアンスで「じゃあ**キョクセン**にお願いします」と言っても、意味が通じた人は年齢にかかわらず０人でした。ゆえに、業界用語と言ってしまってよいでしょう。

業界では、**キョクセン**は、**ケイデン**すなわち警察電話との対比において用いられます。具体的にいうと、警察では、全国に固定電話の独自回線を引いていまして、いってみれば北海道から沖縄まで、警察庁長官からＡ交番の新任巡査まで、誰とでも／どことでもタダで電話できます。まあ内線電話ですね。もちろん内線電話ですので、独自の電話番号があり、独自の電話帳もあります。警察庁、その附属機関（管区、警大、皇宮などなど）、そして47都道府県の警察本部、はたまたその１１５９の警察署、あるいは約１万２６００の交番・駐在所の全てに**ケイデン**があり／**ケイデン**が引かれていますから、電話帳も分厚いものとなります。ただＩＴ化が進んでから、メールアドレスや警電番号がカンタンに検索できるようになりました。

ケイデンの電話機は、大きく2種類に分かれます（私が退官してからしばらく経つので、新型が導入されているかも知れませんが、私の職業人生を通じてずっと2種類でした）。正式名称は知りませんが、「偉い人用」と「普通の人用」です。このとき、どこまでが偉い人なのかは——だから誰が「偉い人用」の電話機を使うかは、相対的です。警察本部の警部は、よほど室内環境が劣悪でなければ偉い人用の電話機を使っていますが、警察庁となると警部など奴隷ですから、普通の人用のを使います。はたまた、予算がつかないとか整備が遅れているとなると、所属長警視でも普通の人用のを使っていることがあります。2つの電話機の大きな違いは、ナンバーディスプレイ機能があるかないかで――呼出音がショボいかどうかなんて小さな違いもありますが――偉い人用のだと「どの番号の」「誰から（職名）」架かってきたのかすぐ分かりますので、例えば警察本部長なり警察庁の誰かなり警察署長なりがディスプレイに表示されたとなると、都道府県の警察官としては「あ、ヤバそう……」と心の準備ができるわけです。また、どちらのタイプの電話機も、呼出音の違いによって、架かってきたのが**キョクセン**からか**ケイデン**からかを知ることができます。だからピロリロピロリロ鳴った時点で、それが内線電話なのか、それとも一般回線からの電話なのかを識別できます。

交番頻出用語――タレ

あと、一般社会と遊離している業界用語として、次に「**タレ**」があります。これはもちろん焼き肉のアレではなく、ずばり被害届のことをいいます。氷河期世代の私でも／氷河期世代の私には語源が分かりませんが、これまた職業人生を通じてずっと「**タレ**」でした。例えば侵入盗の被害届ならば**ノビ**の**タレ**、**235**の**タレ**ですね。

この被害届＝**タレ**は、この本の始めの方で御説明した、捜査の**タンチョ**となります――**タレ**

は、被害者さんが警察にする、「このような被害があったので届けます」という申告、犯罪があったことの申告だからです。ただ**タレ**は、告訴・告発と違って、法令上は、犯人の処罰を求める意思までは含みません。告訴（被害者がする）・告発（第三者がする）だと、この処罰意思が明確になり、実務上は、警察の捜査に一定の特別ルールが課せられます。したがって、別項で説明した**ゴンゾウ**だと、ああだこうだ屁理屈をいって告訴を受理しない可能性があります（違法です）。他方で、告訴・告発は**タレ**より内容的にも形式的にも難しいので、法令的にちゃんとした告訴になるまで受理しないというのは、違法ではありません。また、一定の犯罪については、逆に、「警察の側がどうしても告訴を欲しがる」ことがあります（告訴がなければそもそも刑事裁判を始められない、というタイプの犯罪があるから）。**タレ**については、告訴ほど難しいものでもなければ、難しい話もないのですが、これまた**ゴンゾウ**だと新任巡査でもできる**タレ**の受理すらせず、握り潰そうとするかも知れませんし、告訴同様、「警察の側がどうしても被害届を欲しがる」事件もあります。

横書き書式でも「タテガキ」

右の**タレ**は、捜査の**タンチョ**として、捜査書類の冒頭の方に入ると思います。ですので、専門的には難しい議論がありますが、これを捜査書類と考えてしまってよいでしょう（普通、捜査書類は検察が書式を定めるところ、被害届にあっては、警察独自で書式を定めている）。そしてこの被害届のほか、被害者の供述調書とか、参考人の供述調書とか、捜査報告書とか、実況見分調書／検証調書とか、捜索差押調書とか、各種の逮捕手続書、そして被疑者の供述調書などなどが、分厚い一件書類として作成され綴《つづ》られてゆきます。そうした「捜査において作成されてゆく書類」「最終的には刑事裁判において確定有罪判決を勝ち獲《と》るために作成されてゆく書類」が、捜査書類あるいは司法書類――いわゆる**タテガキ**です。縦書きといっても、現在はＡ４横書きなのですが（!!）。しかしながら、ずっとずっと長い間、そう、役所が行政書類を横書きに改めてからも長い間、縦書きのままで据《す》え置かれていた経緯があるので、「行政書類ではないもの」「刑事裁判に必要なもの」ということを強調する言葉として、**タテガキ**という言葉が使われ続けました。私の世代だと、ナチュラルに「捜査書類＝**タテガキ**」です。ただ、今の若手警察官の間では、もう死語かも知れません。

ここで、行政書類は捜査書類より先にＡ４横書きとなりましたが、その行政書類は行政書類で、一種独特のクセを持ちます。まして、例えば数字とかアルファベットとかも全て縦書きで書いてゆく**タテガキ**には、行政書類とはまた違った強烈なクセがあり、若手警察官泣かせでした。Ａ４横書き化にともなって、昔ほどのクセはなくなりましたが、捜査書類作成要領というのは、特に若手警察官にとって――もちろん**ゴンゾウ**にとっても――鬼門《きもん》です。ゆえに**キョウ**

ヨウとして、集合**キョウヨウ**、座学**キョウヨウ**はもちろん、「実戦塾《じっせんじゅく》」等と呼ばれるスペシャルトレーニングが開催されますし、都道府県警察によっては、達人・職人（技能指導官など）による通信添削《てんさく》講座まで開いています（!!）。

とても痛い!! 「受傷事故」

警察官は常に命懸け

受傷事故と書いて、**ジュショウジコ**と読みます。明らかに業界用語です。最初は、「**ジュショウジコ**防止に特段の留意をされたい」とか**カメイ**を受けても意味が解りませんでした。ただ漢字になると直感的に理解できます。要は怪我をすることです。正確には、職務執行の過程において（原因は何であれ）傷を受ける――受傷することです。**ジュショウジコ**によって死んでしまうことも当然想定されますが、そうなると一般社会でも有名な殉職《じゅんしょく》になります。

警察官が職務執行をするとき、そこには必ず**ジュショウジコ**のリスクがあります。警らでもそうですし、職質でもそうですし、泥酔者《でいすいしゃ》の保護でも、あるいは**ガサ**、逮捕といった捜査手続における権限行使の場面でもそうです。もちろん取調べにおいても**ジュショウジコ**は想定できますし——だから取調べ室のデスクには（端末は別として）物を置きません——極論、交番において仮眠として布団に入っているときも、拳銃を狙った襲撃者が侵入してくるなど、**ジュショウジコ**は想定されます。また銃器犯罪、薬物犯罪、暴力団事犯等においてそのリスクが跳ね上がるのも、たやすく御理解いただけると思います。

ただ、警察官が最も**ジュショウジコ**のリスクにさらされるのは、やはり街頭において職務執行をしているときでしょう。別に、悪意ある襲撃者を想定しなくてもかまいません。荒れた職質現場を想定しなくてもかまいません。普通の、善良な市民と、例えば自動車検問の機会に、自然な会話をしている状況を想定してください。警察官のちょっとした油断で、あるいは善良な市民のちょっとした運転ミスで、警察官は受傷します。実際、警察官がどのようなときに殉職してしまうかというと、警察ドラマ等のように拳銃でバンバン撃たれて死んでしまうというよりは、何の変哲《へんてつ》もない交通指導取締り、物件事故処理、自動車検問などにおいて、街頭／道路で職務執行をしているとき、ちょっとした弾み、ちょっとした油断で、交通事故に遭《あ》って死んでしまうことの方が多いです（公開されている統計は見出せませんが——まあそれもそうでしょう——東日本大震災が発生した平成23年のようないたたまれない年を除けば、警察官が殉職するのは、圧倒的にノーマルな街頭活動中のはずです）。

とはいえ、近時も幾つかありましたが、悪意ある襲撃者は必ず一定数います。とりわけ、銃規制の厳しい我が国で、カンタンに拳銃を手に入れようとすれば、それは自衛隊の駐屯地等に攻め入るより、街頭にいくらでもいる警察官を襲撃した方が早いでしょう。私も短い間ながら腰に拳銃を吊って勤務をしましたが、慣れないこともあったのでしょうか、右腰や周囲の市民の人が気になって気になって仕方ありませんでした。

警察官襲撃に対処するべく……

ここで、襲撃者は返り討ちのリスクを最小にしようとするでしょうから、すっごい凶器を用意しているか、単独行動している警察官を狙うはずです。よって、街頭活動をする警察官は、基本、現場臨場は複数で行うことにしていますし、あの特徴的なベスト——重い金属プレート入りの耐刃防護衣《たいじんぼうごい》を常時着装していますし、夜間は警棒を展張《てんちょう》しています。

ただ、警察は慢性的な人員不足に悩まされていますので（空き交番のことについては述べました）、現場臨場でも、どうしても単独臨場になってしまうことはあります。大きな交番でも、事件取扱いに最大動員をかけたら留守居が独りになってしまうこともあります。小さな交番なら1人にならない方がおかしいですし、駐在所はそもそも1人制の出張所です。また耐刃防護衣も、「あらゆる凶器によるあらゆる角度からの攻撃に必ず耐えられる」ものではありません

（そこまでくるとRPGの防具でしょう）。

これらを要するに、警察官は常に襲撃者を想定しておかねばならず、そのための装備を準備しておかねばならず、また、よく使われる言い回しですが、「必殺の一撃を（も）かわす」体術が求められます。それは術科《じゅつか》訓練（柔剣道）・逮捕術訓練といった**キョウヨウ**で体得するしかないため、警察署には必ず道場があり、シーズンによっては義務的な朝稽古《あさげいこ》等が開催されます。昔は、逮捕術というと、型《カタ》優先の特殊な室内武術だった記憶がありますが、最近ではより実戦的な、街頭でそのまま使えるマーシャルアーツとしての側面を強くしています。はたまた、襲撃者に対しては、いよいよ拳銃を使用するしかなくなる場面も想定されますね。そして最近では「警察官が拳銃を撃った!!」というだけで社会的非難の対象となることは（そんなには）なくなった上、警察の方針も「撃つべきときは撃つ」というものに転換して久しいので、逮捕術等と同様、拳銃の使用方法についても、実戦的な、シミュレータ等を用いたリアルな訓練が行われるようになっています。

そんなこんなで、警察は／警察官は、常に**ジュショウジコ**防止の万全を期しているわけですが……

人間のやることですから、また（**PC**による単独の物損事故とかでないかぎり）相手のいることですから、絶無は期しますがゼロにはなりません。そのとき、「痛い」ことが生じ得ます。

もちろん怪我そのものが「痛い」のですが、そういう痛さではなく……

役所ならではの悲哀と祈り

……**ジュショウジコ**が絶対にあってはならないものである以上、また既に発生してしまったのならその反省教訓を引き出さなければならないものである以上、かなりしっかりとした調査が開始されてしまいます。ここで、受傷した警察官がいわば過失ゼロ、完全に注意義務を尽くしていたがやむなく受傷に至ったと、こういうケースであれば問題はないです。公務災害として補償も出ますし、お子さんに対する奨学金も出ますし、場合によっては「危険な状況下における果敢な職務執行を讃える」趣旨のお金、いわゆる「賞じゅつ金」も出ますし、更に場合によっては警察庁長官賞が出ることもあります（名誉の受傷）。しかしながら、そうですね……例えば不用意に単独臨場をしてしまっていたとか、PCで無茶な追跡をしてしまったとか、そもそも耐刃防護衣を脱いでしまっていたとか、そうした感じで何らかの過失があったとき、どうしても、まあ、「どうしてキチンと決まりを守っていなかったんだ？」というかたちで、怒られてしまうことになる。怪我で痛い目に遭《あ》った上、怒られることとなっては救われません。また、そのときは本人のみならず上司も「日頃からどういう**ジュショウジコ**防止方策をとっていたんだ!!」「日頃からどういう**ジュショウジコ**防止**キョウヨウ**を行っていたんだ!!」というかたちで、まあ、ガンガンに怒られる……

このことは、警察官に対する公務執行妨害、いわゆる**コウボウ**で**ジュショウジコ**に遭《あ》ってしまったときも同様で、その原因が主として警察官の側にあるときは（著しく油断していたとか、相手を挑発したとか）、組織／同僚に同情されるどころか、「あんなマヌケた**コウボウ**もらいやがって……」といった感じで、かなり痛い子扱いされます。踏んだり蹴ったりです。

そんなわけで、**ジュショウジコ**防止については、どんな職務執行に部下を送り出すときも、上司が必ず唱える祈禱《きとう》あるいは呪文になっています（「よし解った。なお受傷事故防止及び交通事故防止に万全を期すように」「受傷事故防止だぞ」「受傷事故防止に特段の留意の上……」）。

「本官」「自分」はアリ？警察官の一人称

あまり知られていない正解

結論から言えば、警察官の一人称として「本官」はあり得ません。これは警察エンタメ用語だと思われます。ひょっとしたら、私が生まれる前とかに使用されていたのかも知れませんが……今現在、聞いたことがありませんし、警察官を拝命して以来聞いたことがありませんし、拝命したときの空気感・雰囲気から考えると、それ以前にも使用されていた形跡はありません（というのも、拝命したとき私は22歳ですが、周囲には同年代から50歳代まで幅広い年代の警察官がいたので。そして高齢警察官の誰も、「本官」なる一人称を用いていなかったので）。

もちろん、ここでいう「一人称」は、主として、①行政書類・捜査書類における一人称か、②市民の人に対して自分のことを指すときの一人称であって、警察本部なり警察署なりにおける通常会話の一人称ではありません。そのときは自然に「私」「俺」「僕」が用いられます。これまた警察エンタメ流儀と思われる「自分」は滅多にありません。「自分」は、よほどかしこまった状況、よほど上位の警察官がいる状況等において、極めて異例な感じで用いられるだけだと思います。例えば、警察本部長と巡査が懇談《こんだん》しているときだと、「君は拝命して何年になる？」「はい、自分は平成25年拝命ですので6年になります」という会話は……「私は」でも全く自然で全然怒られませんが……まあアリといえばアリです。

まとめると、ホンカンはあり得ないもので、ジブンはレアなもの。

ならば、右の①②のときのような、要はちょっと形式張って「私」を表現するときはどうするかというと——そのときはまず「本職」、**ホンショク**を用います。用例としては、警察エンタメにおける「本官」の全置換《ぜんちかん》でよいと思います。行政書類においても、捜査書類においても、あるいは街頭においてちょっとかしこまるときもホンショクです。もしちょっと卑下《ひげ》しなければならないのなら、下位互換《かいごかん》で「小職」、ショウショクを使います。

これに対応して、二人称も例えば「貴官」とか「貴様」（!?）ではなく「貴職」、キショクになります。先の受傷事故の話と絡《から》めれば、「キショクにあっては、旺盛《おうせい》な注意力をもって不審者への職務質問を徹底するとともに、ジュショウジコの防止に万全を期されたい」といった感じで用いられます。

文脈／立場に応じた一人称の変化

また、先に、警察本部なり警察署なりにおける通常会話では「私」「俺」「僕」がナチュラルに使われると言いましたが、ちょっとふざける場合、ちょっと嫌味を利かせる場合には、このホンショク／キショクを用いてもかまいません。例えば、「来週どうしてゴルフに来ないの?」「いやあ、ホンショクの配偶者にあっては極めてケチであるため、いわゆる予算上の制約が課されており……」とか、「おい古野巡査よお、キショクにあってはいったい何時《いつ》になったら職質でシャブを挙げてくるんだ?」とか、「今日はキショクのおごりだろ?　ありがとう!!」「いえいえ、後輩のホンショクにおごらせたとあっては先輩の面目が立たないでしょうから……」といった使用法は全くナチュラルで、アリです。

なお、やっぱり刑事はガラッパチですから「俺」派が多いですし（知能犯畑の刑事ならいですが……警備部門だと「私」派が多いです。もっとも、例えば警察本部の課長／警察署長などの前で、部下が「俺」を使うのは（よっぽど個人的に親しくなければ）、いくらガラッパチな刑事であっても非礼な感じがします。逆に、巡査どうしとか、巡査部長どうしとか、警部補までの上司に対してとか、あるいは拝命同期のあいだでは「俺」「僕」の方が自然でしょう。警部補以下の実働員は、チームとして濃密な人間関係の中にありますから、そこでは素《す》の自分が出ます。

他方で、じゃあ上司というか偉い人は自分のことをどう言うかというと――警察署長ならやっぱり一家の家長、**オヤジ**として「俺」、あるいはくだけた親しみを込めて「僕」、世代によっては「儂《わし》」。というのも、一家の家族に対して「私」となると、ちょっとよそよそしいし、風格に欠ける感じがするからです（そもそも、署に勤務しているのは目下の者のみですから。まあ、よほどジェントルマンなことで定評がある署長なら「私」もアリでしょうが）。といって、もちろん署長でも、会話の相手方がより上位の警察官であるときとか、先輩警察官であるときとか、あるいは市民の人であるときは「私」を使います。警察本部の課長とか部長とかも、基本的には大勢の部下を束ねる立場なので、課の警察官／部の警察官に対しては鷹揚《おうよう》に「俺」

「僕」「儂」。もっともキャリアとなると、都道府県警察に出たときはある程度の品位と節度が求められますので、基本的には「私」でしょう。まあ、「俺は聞いてないぞ!!」なんて怒鳴る警察本部長も、いらっしゃることはいらっしゃいますが……

「警官」と「県警」

最後に、一人称の話と絡めて——警察官自身は、自分が警察官であることを何と言うか。

例えば「自分は○○県警の警官です」という表現をするか、ですが……

まずこの場合、「警官」は用いないはずです。用いる警察官がいるとすれば、かなりこだわりのない、悪く言えば社内用語に無頓着《むとんちゃく》なタイプの警察官でしょう。というのも、法令であろうと公用文であろうと、「警官」が用いられることは一切ないからです(これを修正しない上司は日本に1人もいません)。社内では、オフィシャルには必ず「警察官」を用います。どのような警察官であっても、いかなる文書を作成するときも、「警官」を用いるのは非常識です。ゆえに、それが肌身に染み着きますので、文書でなく日常会話の場面であっても、普段から仕事に用いない「警官」を敢えて使うのは、不自然となります。用いるメリットもありません。

ただ、例えば市民の人と飲み会をするときに、飽くまでも一般用語として「僕は警官だから……」「父親も警官だったんで……」というくらいなら、それは個人の好みとしてアリでしょう。しかし、社内だったらそれは「父親も警察官だったんで……」「父親も本官《ホンカン》だったんで……」「父親もサツカンだったんで……」「父親も〈某隠語〉だったんで……」となるのが自然です。警官、はないです。小説のタイトルにも使われる言葉ですが、実は、警察官にとって自然な言葉とはいえません。

同様に、「県警」（道警、府警）も、社内的には微妙な言葉です。

これは、「警官」ほど避けられはしません。実際、PCのボディにも〈○○県警〉と書いてあったりしますし、都道府県警察のホームページでも〈○○県警からのお知らせ〉等と書いてあったりしますので。

ではどの程度避けられるかというと、「社内文書ではアウト」「口頭では慣例としてOK」「口頭でもオフィシャルな機会では微妙」といった感じです。というのも、オフィシャルには〈○○県警察〉〈北海道警察〉〈○○府警察〉が鉄則なところ、これはちょっと冗漫になりますし、メディア用語としての〈県警〉（道警、府警）がナチュラルに逆輸入され、普段から社内でもよく聞かれるものとなっているからです。私自身、警察小説を書くときは、さすがに「警官」は絶対に使いませんが、「県警」の類《たぐい》は敢えて使うことがあります。アウトではないし、読者に解りやすいからです。

以上をまとめると、警察官として自然な口頭表現は、「自分は○○県警の警察官です」となります。もし「自分は〇〇県警察の警察官です」という警察官がいたら、生真面目なタイプだなあと思ってください。

著者略歴

古野まほろ

ふるのまほろ

東京大学法学部卒業。リヨン第三大学法学部修士課程修了。
学位授与機構より学士(文学)。
警察庁Ⅰ種警察官として警察署、警察本部、海外、
警察庁等で勤務し、警察大学校主任教授にて退官。
警察官僚として法学書多数。
作家として有栖川有栖・綾辻行人両氏に師事。
小説多数。

幻冬舎新書 549

警察用語の基礎知識
事件・組織・隠語がわかる!!

二〇一九年 三 月三十日 第一刷発行
二〇一九年十一月二十日 第四刷発行

著者 古野まほろ
発行人 見城 徹
編集人 志儀保博

発行所 株式会社 幻冬舎
〒一五一-〇〇五一 東京都渋谷区千駄ヶ谷四-九-七
電話 〇三-五四一一-六二一一(編集)
〇三-五四一一-六二二二(営業)
振替 〇〇一二〇-八-七六七六四三
ブックデザイン 鈴木成一デザイン室
印刷・製本所 株式会社 光邦

ISBN978-4-344-98550-6 C0295
ふ-17-1

幻冬舎ホームページアドレス https://www.gentosha.co.jp/
*この本に関するご意見・ご感想をメールでお寄せいただく場合は、comment@gentosha.co.jp まで。

幻冬舎新書

渋井哲也
実録・闇サイト事件簿

ネットで出会った男たちが見も知らぬ女性を殺害するという、犯罪小説のような事件を生んだ「闇サイト」とは何か。閉塞した現代社会の合わせ鏡、インターネットの「裏」に深く切り込む実録ルポ。

阿部恭子
家族という呪い
加害者と暮らし続けるということ

「家庭を持って初めて一人前になれる」とはよく言われるが、家族によって不幸になる例は後を絶たない。加害者家族を支援する著者が不幸な家族と幸せな家族の分かれ目を明らかにする。

小野一光
人殺しの論理
凶悪殺人犯へのインタビュー

世間を震撼させた凶悪殺人犯と対話し、その衝動や思考を聞き出してきた著者。残虐で自己中心的で狡猾、だが人の懐に入るのが異常に上手い。彼らの放つ独特な臭気を探り続けた衝撃の取材録。

堀江貴文　井川意高
東大から刑務所へ

すべてを失った者にしか人生の意味はわからない。二人の元東大生が華麗なる経営者時代を経て辿り着いたムショの世界。そんな刑務所で学んだ、失敗を乗り越え、自分の生き方を摑み取る人生論。